Hanne Stäudel

Mutmachgeschichten aus der Bibel

Erzählvorlagen und Rituale für Kindergarten und Grundschule

Gerne nehmen wir Ihre Anregungen, Wünsche, Kritik oder Fragen entgegen:
Don Bosco Medien GmbH, Sieboldstraße 11, 81669 München
Servicetelefon (0 89) 4 80 08-341

Bibliografische Information der Deutschen Nationalbibliothek

Die Deutsche Nationalbibliothek verzeichnet diese Publikation in der Deutschen Nationalbibliografie; detaillierte bibliografische Daten sind im Internet über http://dnb.d-nb.de abrufbar.

2. Auflage 2019 / ISBN 978-3-7698-1894-9
© 2011 Don Bosco Medien GmbH, München
www.donbosco-medien.de
Umschlag: Jutta Sonnleitner, Nittenau
Fotos: Ev. Montessori Kindertagesstätte Ganghoferstraße, Münchberg
Satz: Don Bosco Kommunikation GmbH, München
Druck: BoD – Books on Demand, Norderstedt

Gedruckt auf umweltfreundlichem Papier

Inhalt

- 7 Vorwort
- 8 **Einführung**
- 8 Theologischer Ansatz: Vom „Damals-Wort" zum „Heute-Wort"
- 9 Pädagogische Ziele: Warum Mutmachgeschichten?
- 10 Die Methode
- 15 **Übersicht über geeignete Geschichten**
- 20 **Ein ausführliches Beispiel: Die Segnung der Kinder**
- 20 1. Die Erzählung für ein schüchternes Kind
- 27 2. Die Erzählung für ein wildes, auffälliges Kind
- 34 **Geschichtensammlung zum Nacherzählen und selbst Gestalten**
- 34 1. Die Taufe Jesu
- 37 2. Das Gleichnis vom verlorenen Schaf
- 47 Passion und Ostern
- 49 3. Bartimäus
- 55 4. Zachäus
- 61 5. Einzug in Jerusalem
- 67 6. Tempelreinigung
- 71 7. Abendmahl
- 74 8. Gefangennahme Jesu
- 78 9. Jesu Tod und Auferstehung
- 83 10. Himmelfahrt
- 89 11. Pfingsten
- 96 12. Vom Sämann

Inhalt

101	13. Abraham
108	14. Jakob auf der Himmelsleiter
111	15. Der gute Hirte

117 **Praktische Umsetzung der biblischen Geschichten in einem „Bilderbuch"**
Beispiel „Mein Bilderbuch über Jesu Weg bis Ostern"

117	1. Zielsetzung
118	2. Zeitplan
119	3. Elternarbeit
120	4. Vorbereitung
121	5. Konkrete Gestaltungsvorschläge für zehn Geschichten
139	Schlussgedanken
139	Dank
140	Hinweise
141	Kopiervorlagen
143	Material zum Bilderbuch

Vorwort

In meiner langjährigen Kindergartenpraxis machte ich die Erfahrung, dass sich bei vielen kindlichen Lebenssituationen die vorhandenen pädagogischen Methoden als unzureichend erwiesen. So begab ich mich auf die Suche nach unterstützenden Hilfen. Dabei entdeckte ich, dass viele biblische Geschichten heute so aktuell wie damals sein können. Ich entwickelte eine neue Methode des Erzählens, mit der sich Kinder in den Geschichten der Bibel wiederentdecken können: Ich übersetze das „Damals-Wort" ins „Heute-Wort" und so können biblische Geschichten auch heute in die Lebenswirklichkeit von Kindern passen, Mut zusprechen und Selbstvertrauen aufbauen. Sie helfen Nächstenliebe üben zu lernen, eine Brücke zu Gott und Jesus zu schlagen, sich als geliebtes Kind Gottes zu fühlen oder „tun einfach nur gut"!
Es macht mir Spaß so zu erzählen. Auch das Alte Testament ist kein Buch mit sieben Siegeln mehr, sondern erzählt von Menschen in bis heute immer gleichen Lebenssituationen. Dort finden sich wunderbare Geschichten, die für Kinderseelen gut sind.

Ich möchte all denen Mut machen, die Kindern das Wort Gottes auf kindgerechte Weise näher bringen möchten. Mit der vorgestellten Methode können biblische Geschichten ebenso für ältere Kinder und Jugendliche im Religionsunterricht oder Konfirmandenunterricht aufbereitet werden. Sie können so eine Chance darstellen, dieser oft schwierigen Altersgruppe den Zugang zu Glaube und Religion persönlich erlebbar zu machen.

Einführung

Theologischer Ansatz: Vom „Damals-Wort" zum „Heute-Wort"

Die in diesem Buch erzählten Geschichten sind für Kinder zwischen drei bis zehn Jahren umgeschrieben. Aber mit dem Zugang über die jeweilige Lebenswirklichkeit der Zuhörer können ebenso andere Altersgruppen angesprochen werden.

In jeder Einrichtung bzw. Jugendgruppe gibt es schüchterne Kinder, die überhaupt nicht auffallen, sich nichts zutrauen, zaghaft und still sind. Das ist ganz normal.
Wenn aber z. B. der Schuleintritt naht und sich dieses Verhalten nicht wesentlich geändert hat, werden Erzieher/innen und Gruppenleiter/innen oft nachdenklich und nervös und starten verschiedene Hilfsangebote.
Gäbe es hierfür eine Geschichte von Jesus als Hilfsmöglichkeit? Ja, es gibt sie! Aber das Problem ist: Die Bibel wurde nur für Erwachsene geschrieben und sowohl die Wortwahl wie der Redestil als auch die enthaltene Lebenswelt liegen außerhalb kindlichen Verstehens. Hier genau lag auch mein Problem. Wenn ich schon Schwierigkeiten hatte, den Text zu verstehen, welche schwere Aufgabe mute ich da Kindern zu?
Jeder Pfarrer interpretiert Bibeltexte in seinen Predigten und möchte, dass seine Zuhörer – meist Erwachsene – die Botschaft verstehen. Sie haben sich ausführlich mit jeder Geschichte auseinander gesetzt und gelangen vom „Damals-Wort", dem Bibeltext, über das „Heute-Wort", das in die Lebenswirklichkeit der Zuhörer passt, zu ihrem „Mein-Wort", eben den eigenen dazu passenden Gedanken und Bildern.

Diese Arbeitsweise habe ich ausgiebig trainiert. Ich versetze mich also in die Lebenswirklichkeiten von Kindern, um sie dort abzuholen, wo sie gerade stehen. Ich erzähle so, dass sie den Inhalt und meine Intention in der Geschichte verstehen können. Ich muss die Wortwahl, den Erzählstil und die Erfahrungswerte, die die Geschichte beinhaltet, so verändern, dass sich die Kinder ganz persönlich angesprochen fühlen können. Der Bibeltext soll zu einem „Heute-Wort" für Kinder werden.

Diese Auseinandersetzung mit Bibeltexten ist meine Arbeitsgrundlage des Erzählens biblischer Geschichten speziell im Kindergarten und in der Grundschule.

Pädagogische Ziele: Warum Mutmachgeschichten?

Ich habe die unterschiedlichsten Lebenssituationen „meiner Kinder" beleuchtet und einige biblische Geschichten auf deren Situation umgeschrieben. Mit dem Erfolg, dass durch die Identifikation mit der Hauptperson in dieser „neuen Geschichte" Wandlungsprozesse eingeleitet wurden mit – wie ich meine – heilender, mutmachender Wirkung.

Es ist aber keineswegs nur eine Einzeltherapie, auch die anderen Zuhörer und Beteiligten filtern die für sie wichtigen Botschaften, Erkenntnisse und Weisheiten aus der Geschichte heraus.

Meine Überzeugung ist: Biblische Geschichten tun einfach gut!

Natürlich wird die heilende Wirkung nicht immer sofort spürbar. Aber ich stelle fest, dass Geschichten, die ich in das „Heute-Wort" der Kinder übersetze, diese viel besser und schneller erreichen. Und ich selbst habe mehr Sicherheit im kindgerechten Erzählen gewonnen. Für mich ist die Methode, das „Damals-Wort" der Bibel in das „Heute-Wort" der Kinder zu übersetzen, zum Schlüssel geworden, mit dem ich die biblischen Geschichten und somit Gottes Wort in die Lebenswirklichkeit der Kinder transportieren kann.

Dürfen wir Erzieher/innen das überhaupt, da wir doch keine Theologen sind? Ja, wir dürfen! Die mir zu Seite stehenden Theolog/innen ermutigten mich dazu, die Geschichten der Bibel mit meinen Worten zu schreiben, um die Botschaft Jesu situationsorientierter in die Welt der Kinder zu tragen. Kinder fühlen sich auf diese Weise ernst genommen und angesprochen: Wir reden mit ihnen und nicht über sie hinweg. Heute kann ich sagen: „Das ist doch ganz einfach und logisch!" Aber nicht nur Kinder fühlen sich von den umgeschriebenen Geschichten besonders angesprochen, sondern auch Eltern und Kolleginnen sind dankbare Zuhörer. Dies konnte ich während verschiedener Elternabende zum Thema Mutmachgeschichten erfahren. Durch die einfachen Worte und leicht nachvollziehbaren Handlungsabläufe konnten sich auch Erwachsene leichter identifizieren und die Botschaft Jesu erkennen.

Haben Sie Mut, dieses Thema in einem Elternabend transparent zu machen! Es kann sich harmonisch und heilend auf Familien und den Kindergarten auswirken.

Die Methode

Wie gehe ich nun an eine biblische Geschichte heran?
Um der biblischen Geschichte und der Situation der Kinder gerecht zu werden, habe ich einen 15-Punkte-Katalog zusammengestellt. Mir persönlich hilft ein „Raster", an dem ich mich schnell und effektiv orientieren kann.

1. Ich habe die **Situation eines bestimmten Kindes,** oder vieler / aller Kinder vor Augen, zum Beispiel:
- Es gab Streit in der Gruppe.
- Ein schüchternes Kind braucht Aufbauhilfe.
- Ein Kind ist aggressiv, ein kleiner „Rambo". Es braucht Zuwendung und Aufmerksamkeit.

- Ein Kind braucht Mut von außen. Es ist ängstlich, zaghaft, hat wenig Freunde, ist zu viel allein. Sein Freund ist weggezogen. Es fühlt sich zu klein, kann noch nicht alles ...
- Ein Geschwisterkind wird geboren.
- Die Eltern trennen sich, lassen sich scheiden.
- Ein Kind zieht weg.
- Ein Familienmitglied ist gestorben o.ä.
- Welches Fest steht an? Weihnachten, Ostern, Pfingsten ...

2. Ich gehe meine **Geschichtensammlung** durch.
Welche Geschichte könnte passen? Ich entscheide mich für eine konkrete Geschichte.

3. Ich lese mir diese **Geschichte in der Bibel** durch.
Für mich ist es hilfreich, die Originalfassungen der Bibel zu lesen, da die Texte in den Kinderbibeln bereits verändert sind.

4. **Was sagt mir diese Geschichte?**
Welche Gedanken kommen *mir* beim Durchlesen? Nur wenn ich mich selbst mit der Geschichte angefreundet habe, sie in meine Lebenswirklichkeit einbauen kann, bin ich auch für die Kinder authentisch.
Beispiel Zachäus: Niemand will ihn, er ist ausgestoßen, er hat keinen Freund, nur Geld ist ihm wichtig ...

5. Welche **pädagogische Aussage** steckt in der Geschichte?
Was will ich nun einem bestimmten Kind / den Kindern durch diese Geschichte sagen?
Beispiel Zachäus: Du bist o.k., auch wenn du Fehler machst oder klein bist. Es ist nie zu spät, sich zu ändern oder Entschuldigung zu sagen. Sei mutig, einen neuen Weg zu suchen, um aus einer anderen Perspektive Dinge zu betrachten!

Die Methode

6. Wie lautet die **religiöse Aussage?**
Das ist der grundsätzliche Unterschied zwischen Märchen, anderen Geschichten, Bilderbüchern und den Geschichten der Bibel: „Wenn mich niemand mag, wenn ich zu klein bin, wenn ich ein Aufschneider bin: Gott liebt mich trotzdem." Diese Zusage der großen Liebe und Zuwendung Gottes, erlebt durch Jesus, macht diese Geschichten so heilsam und wertvoll für die Seelen von Kindern, aber auch für jeden Erwachsenen.
Die Geschichten dürfen ausgeschmückt werden, aber die religiöse Kernaussage muss deutlich herauskommen.

7. **Ich erfinde nun eine Person,** oder nehme eine, die in der Geschichte vorkommt (Zachäus, Bartimäus, Sohn des Noah, Nichte des Abraham ...) und erzähle aus deren Sicht die Geschichte.
Ich erzähle jedoch nicht aus der Sicht Jesu, da er als Sohn Gottes zu uns spricht. Er steht für mich auf einer anderen Ebene.

8. **Ich gebe meiner Hauptperson einen Namen,** einen ausgefallenen aus der Bibel (Tabea, Ruben, Aron, Rahel ...). Hier wird dann nochmals der Bezug zur „Damalszeit" hergestellt. Namen, die in der Gruppe vorkommen, klammere ich aus.

9. **Ich schreibe die „neue" Geschichte mit meinen Worten.**
In der Person von Rebekka, Abraham, Jaob, Noah, Jona ... erleben die Kinder nun die Geschichte: Gefühle und Gedanken, Ängste und Freude können dort angesprochen werden. Das Kind, auf das die Geschichte zugeschnitten ist, aber auch die anderen Kinder, können in diese Person „schlüpfen". Sie können sich nahe, verbunden mit der Person fühlen („das kenne ich auch"), aber auch auf Distanz zu ihr gehen, wenn es für sie zu „eng" wird.
Unsere Zielsetzung ist die aktive Lebenshilfe durch Identifikation, ohne sichtbare Kontrolle oder gar Bloßstellung. Das geschieht im Inneren, im Verborgenen, aber die heilende Wirkung kann das Leben positiv beeinflussen.

10. Ich suche mir eine **Beobachterin,** die dem Kind gegenüber sitzt, dieses beobachtet und auch die Restgruppe im Blick hat.

11. **Jetzt kann es losgehen.**
Der Einstieg, die Einstimmung und die Rituale werden vorbereitet und eingeübt. Die Lieder und das Kettmaterial für die Mitte werden zusammengestellt. Dann die Geschichte erzählen!

12. Während des Erzählens **den Spannungsbogen beachten,** den Höhepunkt auch stimmlich gut herausarbeiten.

13. Jede Geschichte braucht einen **guten Abschluss.**
Möglich sind ein abschließendes Gebet der „Hauptperson" oder eine Meditation. Dazu Kerzen anzünden, Musik hören, Zeit lassen (z. B. bis 30 zählen!), damit das Gehörte wirken kann. Danach erzählen lassen, was für die Kinder wichtig war.

14. **Eigene Reflexion:**
Welche Wirkung konnte ich beobachten oder fühlen? Wie hat sich das bestimmte Kind verhalten? Die Beobachterin nach ihren Wahrnehmungen fragen.

15. Zur **Vertiefung:**
Die Kinder das Erzählte malen, darstellen, gestalten lassen. Dies kann auch an einem darauf folgenden Tag geschehen.

Jede so „neu formulierte" biblische Geschichte bewirkt sehr viel bei der Erzählerin und allen Zuhörern. Ich glaube, der heilige Geist wirkt auf diese Weise in unser Leben hinein und ermöglicht Kindern und Erwachsenen Lichtblicke im Alltag zu erkennen und die heilende Wirkung von Bibeltexten als Lebenshilfe im „Heute" wahrzunehmen.

Die Methode

Rituale für Einstieg und Schluss
Das Gestalten der Mitte bedeutet im besten Sinn: den Blick auf das Wesentliche richten und dadurch deutlich machen, dass die Mitte in unserem Leben Gott ist. Von ihm geht alles aus.
Eine einladende Mitte wirkt auf die Zuhörer beruhigend und lenkt sie nicht vom Thema ab. Hier einige Vorschläge, die Sie mit Ihren Möglichkeiten noch erweitern können:

- Die Kinder auf den Stühlen sitzen lassen. Das Sitzen auf dem Boden verleitet zum Zappeln.
- In die Mitte eine Kerze stellen, die als Jesuskerze von den Kindern verziert werden kann.
- Die Mitte mit Seidentüchern in den Regenbogenfarben gestalten.
- Gelbe Sonnenstrahlen aus Stoff an einen Stoffkreis anlegen.
- „Schätze" wie Federn, Steine, Wurzeln, ein Kunstbild, Wasser ... bereitstellen.
- Gegenstände zum Erinnern, Anfassen, Festhalten, Mitnehmen ... bereitlegen.
- Eine Duftlampe anzünden.
- Materialien nach Kett legen (Legematerial, Tücher ... Bezugsquelle siehe S. 140)
- Körbe vorbereiten z. B. einen Korb mit Steinen zur Bitte um Vergebung *("Guter Gott, ich war zornig und böse, bitte, verzeihe mir.")*; einen Korb mit Kerzen als Möglichkeit zur Fürbitte *("Guter Gott, ich bitte dich: Lass meine Freundin, Oma, Mama, meinen Hamster ... wieder gesund werden.")* oder einen Korb mit Blumen für ein Dankgebet *("Lieber Gott, ich danke dir, dass du mir geholfen hast, mutiger zu sein.")*.

Sicher haben Sie selbst noch viele andere Ideen zur Gestaltung einer Arbeitseinheit. Den Möglichkeiten sind hier keine Grenzen gesetzt.

Übersicht über geeignete Geschichten

Dies ist eine Auswahl von Geschichten, die sich besonders gut für Kinder und Jugendliche eignen. Welche Geschichte für welche Situation in Ihrer (Kinder) Gruppe passt, entscheiden immer Sie selbst.

Jeder hat Lieblingsgeschichten, aber auch Geschichten, die Mühe bereiten, sie zu erzählen. Eine meiner Stressgeschichten war lange die Pfingstgeschichte. Doch mit dem neuen Zugang zu biblischen Geschichten verlor gerade sie ihren Schrecken, und heute zählt sie zu meinen Lieblingsgeschichten.

Eine Schlüsselgeschichte ist die Taufe Jesu. Diese sollten Kinder unbedingt angeboten bekommen, da hierin deutlich wird, dass Jesus einen besonderen Auftrag von Gott bekam und sein Reden und Handeln dem Willen Gottes entspricht.

Geschichte	Leitgedanken für die Lebenssituation der Kinder	Bibelstelle	Erzählvorschlag
Neues Testament			
Die Taufe Jesu	Erwählung, Zugehörigkeit spüren	Matthäus 3,13–17 Lukas 3,21–22	S. 34
Die Segnung der Kinder	Anerkennung, Schüchternheit überwinden, selbstbewusst werden, sich durchsetzen können, mutig werden	Lukas 18,15–17	S. 20

Geeignete Geschichten

Das Gleichnis vom verlorenen Schaf	Mut entwickeln, Rücksicht üben, Verantwortung übernehmen, Vertrauen aufbauen zu mir wichtigen Menschen und zu Gott, aushalten lernen, nicht gleich aufgeben, innehalten und nachdenken	Lukas 15,1–7	S. 37
Bartimäus	Hoffnung haben, Anerkennung erleben, „der, der in der Ecke steht!", Behinderungen wahrnehmen, mit „neuen Augen" sehen lernen, aus sich herausgehen, mutig sein, sich trauen, auch wenn es nicht gleich klappt, nicht aufgeben, es lohnt sich durchzuhalten	Lukas 18,35–43 Markus 10,46–52	S. 49
Zachäus	keinen Freund haben, Außenseiter sein, zu klein sein, Anerkennung und Vergebung erfahren, sein Leben ändern mit Gottes Hilfe	Lukas 19,1–10	S. 55
Einzug in Jerusalem	Zweifel, Mut und Hoffnung erleben, Vertrauen, Neugierde, Freude entwickeln	Lukas 19,28–40	S. 61
Tempelreinigung	Selbstbewusstsein entwickeln, Stellung beziehen, Anleitung zum Beten geben, Bedeutung der Stille erfahren, sich auf das Wesentliche konzentrieren, sich für eine gute Sache einsetzen, auch wenn es nicht populär zu sein scheint!, nicht mit den Wölfen heulen, nur weil es einfacher ist!	Lukas 19,45–48 Markus 11,15–19	S. 67
Abendmahl	Freude, Gemeinschaft erleben	Lukas 22,7–23	S. 71
Gefangennahme Jesu	allein sein, Angst haben, aber Vertrauen lernen	Lukas 22,47–53 Matthäus 26,47–56 Markus 14,43–50	S. 74
Jesu Tod	Trauer, Angst, durchhalten, aushalten, Vertrauen und Wandlung erleben	Lukas 23,26–49	S. 78

Geeignete Geschichten

Auferstehung, Ostern	Geheimnis, Vertrauen, Hoffnung, Wandlung, Freude erleben	Lukas 24,1–12	S. 80
Himmelfahrt und Pfingsten	gemeinsam hoffen, etwas Neues bricht auf gegen Resignation, sich einer neuen Aufgabe stellen lernen, über seine Grenzen hinauswachsen (Petrus), andere Menschen verstehen können	Apostelgeschichte 1–2	S. 83 und 89
Das Gleichnis vom Sämann	warten lernen, zufrieden sein mit dem „guten Rest", die eigenen Erwartungen herunterschrauben, hoffen lernen	Lukas 8,4–15	S. 96
Das Beispiel vom barmherzigen Samariter	eine Aufgabe erfüllen, sehen lernen, erfahren, dass es Menschen gibt, die meine Not sehen und mir helfen wollen und können; selbst zu einem Helfenden werden, weil es ein erhebendes Gefühl sein kann, wenn ich durch mein Zutun einem andern helfen kann; Gott ist immer bei mir und unterstützt mich	Lukas 10,25–37	
Das Gleichnis von den Arbeitern im Weinberg	Anerkennung gewinnen, jeder gilt als wertvoller Mensch	Matthäus 20,1–16	
Berufung der Jünger	eine Aufgabe gestellt bekommen, verzichten lernen, einen Standpunkt beziehen	Johannes 1,35–51	
Heilung eines Gelähmten	Anerkennung erfahren	Lukas 5,17–26	
Speisung der Viertausend	Anerkennung bekommen, Mut und Vertrauen gewinnen	Markus 8,1–9	

Geeignete Geschichten

Das Gleichnis vom verlorenen Sohn	Vergebung erleben, Anerkennung bekommen; auch wenn ich Mist gebaut habe, habe ich noch einen Schlüssel zum Haus meines Vaters (Eltern). Ich werde trotz meiner Fehler geliebt und angenommen; bei den Eltern bin ich daheim, genauso wie bei Gott. Dieser himmlische Vater versteht mich immer. Er bricht die Verbindung zu mir nicht ab. Menschen können sehr hartherzig sein, Gott ist gnädig, großzügig, er reicht mir immer seine Hand.	Lukas 15,11–32	
Der Sturm auf dem See	Vertrauen erleben, eine Aufgabe erfüllen. Auch wenn es stürmisch in meinem Leben wird oder ist: Jesus ist bei mir. Er kennt meinen Weg und wenn dazu ein Sturm, Unwetter, gehört, weiß er, wozu es gut ist und was ich dadurch lernen soll. Er lässt mich nicht allein.	Lukas 8,22–25	
Emmaus	ein Geheimnis erfahren, Vertrauen erleben, Trauer wandelt sich in Freude und Hoffnung	Lukas 24,13–35	
Ein Afrikaner wird getauft	Anerkennung und Vertrauen erleben, Integration leben	Apostelgeschichte 8,26–40	
Zacharias und Elisabeth	warten lernen, hoffen dürfen, Geheimnisse erfahren	Lukas 1,5–25 und 57–80	
Weihnachten	ein Geheimnis erfahren, Warten aushalten, Traditionen kennen lernen, ein Fest feiern, Freude erleben	Lukas 2,1–21	
Altes Testament			
Abraham	Vertrauen aufbauen, Neuanfang, Mut gewinnen, Angst ist ein schlechter Berater	Genesis / 1 Mose 12–25	S. 101

Geeignete Geschichten

Jakob auf der Himmelsleiter	Vergebung erfahren, Hoffnung auf eine gute Zukunft gewinnen	Genesis / 1 Mose 28,10–22	S. 108
Der gute Hirte	Gott sorgt für dich	Psalm 23	S. 111
Jona	Vertrauen, Anerkennung und Erwählung erfahren, Aufgaben übernehmen, sich einer unangenehmen Aufgabe stellen und diese auch zu Ende bringen, nicht davonlaufen	Jona 1–4	
Noah	Vertrauen gewinnen, die gute Schöpfung erhalten wollen	Genesis / 1 Mose 6,5–9,17	
Schöpfung	in der Welt leben können, Verantwortung übernehmen lernen	Genesis / 1 Mose 1–2	
Josef	eine Aufgabe erfüllen, Vergebung und Vertrauen erfahren	Genesis / 1 Mose 37–50	
David und Goliat	Anerkennung bekommen, Mut und Vertrauen gewinnen	1 Samuel 17	

Sicher haben Sie bereits gemerkt, dass jede dieser Geschichten noch viele Varianten in sich birgt. Je nachdem, welchen Schwerpunkt Sie legen und was Sie bei Kindern bewirken wollen, werden Sie noch weitere Varianten entdecken.
Probieren Sie es einfach aus. Sie werden sehen, es macht Spaß und Sie lernen die Geschichten der Bibel richtig lieben.

Ein ausführliches Beispiel: Die Segnung der Kinder

Diese Einstiegsgeschichte von der Kindersegnung (Lukas 18,15–17) möchte ich aus zwei unterschiedlichen Perspektiven vorstellen. Ich hoffe, so deutlich zu machen, welche Chancen in den Geschichten der Bibel liegen im Bezug auf die unterschiedlichsten Lebenswirklichkeiten von Kindern heute.

1. Die Erzählung für ein schüchternes Kind

Zur Situation

Aktueller Anlass
Die Geschichte ist für Daniel bestimmt. Daniel ist sechs Jahre, schüchtern, ruhig, angepasst. Im Stuhlkreis beteiligt er sich nie an Gesprächen. Bei Kreisspielen bleibt er immer sitzen, antwortet auch nur ganz leise und zaghaft auf Fragen. Sein bester Freund ist das genaue Gegenteil!

Überlegungen zur Lebenssituation des Kindes
- Daniel ist still, zurückhaltend, unauffällig.
- Er wird nicht wahrgenommen, darf nicht mitspielen, wird zurückgestoßen.
- Welche Stellung hat er in der Geschwisterreihe?

Ansatzpunkt für die Geschichte
Ich wollte Daniel helfen, sein Selbstbewusstsein mit einer heilenden Geschichte zu stärken. Pädagogische Maßnahmen liefen bereits parallel.

1. Die Erzählung für ein schüchternes Kind

Ich entschied mich für die Kindersegnung. Es ist eine Anerkennungsgeschichte, die ich auf die Person Daniels umschrieb. Ich habe aber Name und Geschlecht in der Geschichte verändert. Hier heißt meine Hauptperson Tabea.

Die Geschichte von Tabea

Bezug der Geschichte zur Situation des Kindes
- Stärke, Sicherheit und Halt für schwache Kinder in einer Gruppe fördern.
- Erfahrung: Manche mögen mich nicht, aber es gibt immer Erwachsene und Kinder, die mich mögen, die mich akzeptieren. Lernen es auszuhalten, dass nicht alle Menschen mich mögen.
- Selbstvertrauen und Selbstwertgefühl aufbauen.
- Nicht den Mut verlieren, auch wenn es schwierig erscheint.
- Lernen, mit Enttäuschungen fertig zu werden.
- Das Ziel im Auge behalten.

Weitere Anlässe zum Erzählen dieser Geschichte:
- Kindergeburtstag
- Segnungsgottesdienst
- Tauferinnerungsgottesdienst
- Ein neues Kind kommt in die Gruppe

Religiöse Aussage
- Jesus mag alle Kinder, auch mich.
- Bei Gott sind alle Namen aufgeschrieben.
- Ich bin ein geliebtes Kind Gottes.
- Alles, was mich bewegt, kann ich Gott im Gebet sagen. Das entlastet mich.

Umsetzung

Gestalten der Mitte
- Einen Stuhlkreis stellen für vierzehn Vorschulkinder.

1. Die Erzählung für ein schüchternes Kind

- In der Mitte sind 7 lange gelbe Seidenschals zu einer Sonne gelegt. Im Mittelpunkt steht die Jesuskerze und auf jedem Ende der Schals steht ein Teelicht, für jedes Kind eines.

alternativ
- Die Szene mit Puppen darstellen, dazu die Jesuskerze, Blumen, Körbchen mit Teelichtern …
- Texte am PC schreiben, kopieren, zuschneiden. Jedes Kind kann sich beim Nachhausegehen einen Textstreifen mitnehmen. Vorschläge:
„Danke lieber Gott, dass du mich kennst."
„Bei Gott sind alle Namen aufgeschrieben."
„Ich bin liebenswert. Du hast mich geschaffen, so wie ich bin. Ich danke dir dafür."

Erzählung
Tabea war ein stilles und schüchternes Kind, das von den anderen Kindern oft übersehen wurde. Meist saß sie auf einer kleinen Mauer, nahe dem Spielplatz der anderen Kinder und sah ihnen zu. So auch heute.
Sie sah, dass dort hinten ganz viele Leute standen und immer mehr dazu kamen. Von den Menschen, die bei ihr vorbeikamen erfuhr sie, dass Jesus in die Stadt kommen wollte. Ja, Tabea hatte schon von diesem Jesus gehört. Ihre Mutter hat ihr viel von ihm erzählt.
Plötzlich wird ihr ganz warm im Bauch und sie überlegt: „Diesen Jesus will ich auch sehen. Ich will dahin, wo all die vielen Menschen stehen und ihn sehen."
Sie springt von der Mauer und rennt heim zur Mutter.
„Du, Mama, Jesus kommt in die Stadt, darf ich zu ihm, darf ich ihn sehen?"
„Ja, das darfst du, und ich komme gleich nach. Lauf schon voraus."

Tabea hüpft fröhlich davon. Die anderen Kinder sehen Tabea und wundern sich.
„Was ist denn mit dir los, du kannst ja hüpfen?"
„Oh, ich freue mich, ich gehe zu Jesus, er ist in der Stadt."
„Woher weißt du das denn?"
„Ich hab es gehört."

1. Die Erzählung für ein schüchternes Kind

Ein anderer Junge sagt, dass er auch schon von Jesus gehört hat. „Nimmst du mich mit?" „Ja, natürlich."
„Oh, wir wollen auch mit."
„Okay, also dann los."
Tabea rennt voraus und alle Kinder hinter ihr her.

Viele Erwachsene stehen dicht gedrängt auf dem Marktplatz und es kommen immer mehr dazu. Tabea will unbedingt nach vorne. Sie zwängt sich zwischen den Erwachsenen durch, doch die versperren ihr den Weg zu Jesus. Sie schiebt und schubst, aber sie kommt nicht vorwärts.
„Oh, ich schaff es nicht!" Aber da – da ist eine kleine schmale Lücke und Tabea zwängt sich durch.
„Geschafft, ich bin schon ein Stück näher bei Jesus."
Aber schon wird es wieder enger. Sie sieht nichts, bekommt fast keine Luft.
„Nein, ich schaff es doch nicht … Aber ich will, lieber Gott, hilf mir, bitte!" Tabea sucht sich einen anderen Weg. Sie krabbelt durch die Beine der Menschen. Sie wird getreten, eingeengt, gestoßen.
Aber tatsächlich, sie kommt bis zu Jesus vor. Sie ist am Ziel.

Doch da hört sie auf einmal: „He, was willst du denn da? Für dich ist hier kein Platz. Kinder dürfen nicht zu Jesus, geh auf die Seite!" Der das sagte, war einer von Jesu Freunden, einer der Jünger. Aber Tabea hat nur Augen für Jesus. Sie hat es bis zu ihm geschafft!
Auch Jesus sieht Tabea und die Kinder. Er ermahnt die Jünger und sagt zu ihnen: „Lasst die Kinder zu mir kommen, ich will sie sehen und sie gehören zu mir!" Die Jünger wundern sich sehr.

1. Die Erzählung für ein schüchternes Kind

Jesus geht auf Tabea zu und ruft ihren Namen. „Komm, Tabea, komm doch her zu mir. Du hast dich sehr angestrengt, bis zu mir durchzukommen. Ich freue mich, dass du es geschafft hast und du nicht vorher aufgegeben hast. Ich weiß auch, dass Gott dir weiterhin viel Kraft geben wird und bei dir sein wird, wenn du wieder mal viel Kraft und Ausdauer brauchst."
Er legt die Hände auf ihren Kopf und segnet sie. Auch die anderen Kinder sollen nun zu Jesus kommen und auch sie werden von ihm gesegnet.
Tabea ist überglücklich!

Die Erwachsenen treten zurück und Tabea kann ungehindert zurückgehen. Sie hüpft und singt und fühlt sich irgendwie verändert. In ihrem Bauch kribbelt es, ihre Hände sind ganz warm.
Die anderen Kinder rennen hinter Tabea her. „Mensch, Tabea, toll, dass du uns auch mit zu Jesus genommen hast. Wir sind jetzt auch ganz fröhlich. Möchtest du mit uns spielen?"
„Ja, gerne!", antwortet Tabea.
Jesus hat die Kinder verändert!

Am Abend erzählt sie ihr Erlebnis mit Jesus ihren Eltern, denn die Mutter hat Tabea in der Menschenmenge nicht getroffen.
Im Bett betet Tabea dann mit der Mutter: „Lieber Gott, heut war ein toller Tag. Ich habe mich getraut. Ich war mutig, ich hab nicht aufgegeben und hab es geschafft, bis zu Jesus vorzukommen, und die anderen Kinder wollten mit mir mitgehen, darüber bin ich sehr glücklich. Du hast mich begleitet, Gott! Dafür sage ich danke. Amen."

Schluss
Nach dieser Erzählung war es ganz still im Gruppenraum.
Die Kinder sollten nachdenken und sich wiederfinden in der Geschichte. Dazu der Impuls: „Wer hat so etwas schon einmal erlebt?" Die Kinder antworteten spontan. Zwei Kinder berichteten von Erlebnissen, als sie auch meinten, etwas nicht zu schaffen und es dann doch schafften, weil sie nicht aufgegeben haben.

Danach wiederholten wir kurz: „Wie hat Jesus reagiert?"
Wir überlegten, wie wichtig Namen sind. „Wer von euch hat denn noch einen zweiten Vornamen?" – „Wie heißen eure Eltern?" Durch die Taufe sind unsere Namen bei Gott aufgeschrieben. Er kennt alle unsere Namen.
Zum Abschluss zündet jedes Kind ein Teelicht an der Jesuskerze an mit den Worten: „Danke lieber Gott, dass du mich kennst."

Liedvorschläge
„Halte zu mir guter Gott" (EGB 641)
„Ich schreibe meinen Namen" (Rolf Krenzer, Das große Liederbuch)
„Ich bin getauft auf deinen Namen" (EGB 200)
„Weil ich Jesu Schäflein bin" (EGB 593)

Reflexion

Während des Erzählens beobachtete ich Daniel, für den ich diese Geschichte ausgesucht hatte: Er hörte ganz aufmerksam zu und wirkte manchmal abwesend. Er war in „seiner Welt". Ich hoffte, dass er sich mit Tabea identifizierte.
Daniel sagte zuerst seinen Namen nicht. Auch vorher hatte er ihn in der Gruppe noch nie gesagt, obwohl er schon sechs Jahre alt ist. Den Namen seiner Eltern sagte er jetzt laut und deutlich. Und beim Anzünden der Kerzen nannte er ganz leise seinen eigenen Namen.
Am nächsten Tag erzählte mir eine Mutter: „Susanne hat zu Hause diese Geschichte haargenau erzählt und dann gemeint: ‚Wir haben in der Gruppe auch ein so stilles Kind, nämlich den Daniel, und der hat dann sogar seinen Namen im Kreis gesagt!'"
Die Kinder erhielten Gelegenheit zur Geschichte auch ein Bild zu malen.
Noch vier Wochen danach war „Tabea" Gesprächsthema! Diese Geschichte hat alle vierzehn Kinder in irgendeiner Weise „getroffen". Das gab mir die Gewissheit, dass diese Geschichte eine heilsame Wirkung hatte.

1. Die Erzählung für ein schüchternes Kind

Elternarbeit

Textblätter auslegen z. B. „Ich bin liebenswert. Du hast mich geschaffen, so wie ich bin. Ich danke dir dafür."

Vorschlag für ein Elternblatt *(siehe Foto Elterntisch S. 23)*

Mutmachgeschichten aus der Bibel
Heute in unserer Andacht:
Kindersegnung aus der Sicht von Tabea

Pädagogische Aussage und Lebenssituation von Kindern heute:
- Stärke entwickeln
- Sicherheit und Halt für schwache Kinder in einer Gruppe fördern
- Selbstvertrauen und Selbstwertgefühl aufbauen
- Sich trauen, nicht aufgeben, sondern sich einen „anderen Weg" suchen
- An Schwierigkeiten wachsen

Religiöse Aussage:
- Jesus mag alle Kinder, gleich ob sie schüchtern oder vorlaut, klein oder groß sind.
- Tabea und die andern Kinder werden von Jesus gesegnet. Dieses Erlebnis führt die Kinder zu einer Gemeinschaft zusammen.
- Segen ist die Zusage Gottes: „Du bist wertvoll." „Jesus kennt dich!" „Gott sorgt für dich." „Er möchte dein Freund sein." „Er beschützt dich."
- Im Gebet kann ich Gott alle meine Sorgen, aber auch alles Frohe und Schöne sagen.

2. Die Erzählung für ein wildes, auffälliges Kind

Zur Situation

Aktueller Anlass

Die Geschichte ist für Fabian bestimmt. Fabian ist fünf Jahre und stört die anderen Kinder. Er will immer der Anführer sein, wehrt sich mit Körpereinsatz, schlägt andere Kinder, tritt nach ihnen mit Füßen und hat Wutausbrüche. Manche Kinder haben Angst vor ihm. Keiner will gerne mit ihm spielen, weil es nie lange gut geht.

Überlegungen zur Lebenssituation des Kindes
- Fabian ist ein „Rambo", ein Störenfried.
- Er ist ein Junge, der oft die anderen bedrängt und sich nur mit körperlichem Einsatz zu wehren weiß.

Ansatzpunkt für die Geschichte

Auslöser für das Erzählen der Geschichte ist folgende Situation: Da Fabian den Roller nicht bekam, biss er Christian so in den Finger, dass dieser blutete und verarztet werden musste.
Was kann ich in einer solchen Situation tun? Welche Möglichkeiten bieten sich mir? Ich setzte mich hin und schrieb die Geschichte von Ruben.

Die Geschichte von Ruben

Bezug der Geschichte zur Situation des Kindes
- Das eigene unangenehme Verhalten bewusst machen und die Möglichkeit zur Charakteränderung anbieten und aufzeigen, ohne das Kind bloßzustellen.
- Auf dem Höhepunkt die eigene Angst anschauen, sie aushalten lernen, daran wachsen, sich selbst seine Schwächen eingestehen, Tränen und Angst zulassen, Gefühle zeigen.
- Angst verwandelt sich in Erleichterung und Freude.

2. Die Erzählung für ein wildes, auffälliges Kind

- Selbstvertrauen und Selbstwertgefühl aufbauen.
- Jeder kennt solche Situationen, deshalb gelten die Aussagen der Geschichte für alle anderen Kinder auch.

Religiöse Aussage
- Auch die aggressiven Kinder, die Rambos und Chaostypen sind bei Jesus aufgehoben, denn gerade sie haben es mit sich und der Welt oft schwer.
- Jesus mag alle Kinder. Er macht keinen Unterschied.
- Jesus mag auch mich ganz bestimmt!
- Der liebende und verzeihende Gott gibt jedem Menschen immer wieder neue Chancen und hilft ihm, sein Leben neu zu ordnen. In der Person Jesu kommt er uns ganz nahe, ob groß oder klein.
- Wir können von Jesus lernen: Es gilt nicht Auge um Auge, Zahn um Zahn, sondern wir können nach neuen Wegen und Möglichkeiten suchen.
- Ruben spürt die Veränderung durch diese Begegnung mit Jesus und findet einen neuen Weg.
- Alles, was mich bewegt, kann ich Gott im Gebet sagen, dies entlastet mich.

Umsetzung

Gestalten der Mitte
- Im Mittelpunkt steht die Jesuskerze.
- Jesusfigur und Figuren aus dem Puppenhaus
- Tuch
- Korb mit Steinen (Vergebung: „Guter Gott, ich war zornig und böse, bitte, verzeihe mir.")
- Korb mit Kerzen (Fürbitte: „Guter Gott, ich bitte dich: Lass meine Freundin, Oma, Mama, meinen Hamster ... wieder gesund werden.")
- Korb mit Blumen (Dank: „Lieber Gott, ich danke dir, dass du mir geholfen hast, mutiger zu sein.")

2. Die Erzählung für ein wildes, auffälliges Kind

Stilleübung
Wir schließen unsere Augen und lauschen auf den Ton der Klangschale. Wer nichts mehr hört, öffnet seine Augen wieder und bleibt stehen. Wenn alle Augen offen sind, gehen wir zur zweiten Übung über.
Wir schließen wieder die Augen. Wer keinen Ton der Klangschale mehr hört, öffnet seine Augen und setzt sich leise und vorsichtig auf seinen Stuhl.

Erzählung
Eines Tages gab es wieder einmal großes Geschrei und Gezanke unter den Kindern des Dorfes, weil Ruben nicht der Anführer sein durfte. Wütend verließ er die anderen Kinder und setzte sich auf die Mauer, abseits von den Anderen.
Simon, ein anderer Junge, meinte: „Endlich ist Ruben weg. Ich kann ihn nicht leiden. Immer gibt es mit ihm Streit. Er will immer der Anführer sein und mischt sich bei uns ein. Und gutes Zureden nützt bei ihm auch nichts. Ich will nicht mehr mit ihm spielen."
Ruben sitzt noch immer auf der Mauer, ist wütend, traurig und allein. „Niemand will mit mir spielen. Ich habe überhaupt keinen Freund. Ich bin traurig."

Plötzlich merkt er, wie sich viele Erwachsene dort hinten versammeln. Ruben denkt: „Was ist da los? Warten die auf etwas? Das interessiert mich. Da geh ich mal hin." Er springt von der Mauer, läuft zu den Menschen hinüber und hört den Erwachsenen zu, wie sie sich unterhalten.
„Gleich kommt Jesus!"
„Toll, dass ich ihn sehen kann."
„Er hat ganz viele Freunde, die nennen sich Jünger."
„Jesus streitet mit niemandem, er hat alle Menschen lieb."

2. Die Erzählung für ein wildes, auffälliges Kind

Ruben hört all diese Worte: „Hoffentlich lerne ich ihn auch kennen. So wie er möchte ich auch werden. Ich möchte von ihm lernen."

Ruben denkt sich: „Diesen Jesus will ich auch sehen. Vielleicht sagt er mir, wie ich Freunde gewinne. Aber wahrscheinlich will er auch nichts von mir wissen. Er weiß bestimmt, dass ich oft böse, wütend und zornig bin und die anderen ärgere. Warum soll sich ausgerechnet Jesus um mich kümmern?"
Ruben wird von den anderen Menschen nach vorne geschoben. Er kann gar nicht mehr zurück. Es ist ganz eng. Er ist zwischen all den anderen Menschen eingeklemmt. Er will hier raus! Ihm schnürt sich die Kehle zu. Er fängt an zu brüllen und zu weinen. Einige Erwachsene schimpfen ihn aus: „Sei doch still. Wir wollen Jesus hören. Geh nach hinten!"
„Jesus will bestimmt keinen solchen Schreihals!"
Ruben bekommt noch mehr Angst. Die Enge, die vielen Menschen und dieser Jesus, von dem er nur Gutes gehört hat, bereiten ihm unheimliche Angst. Er weint noch mehr und fühlt sich noch einsamer. Keiner hilft ihm. Am liebsten würde er jetzt im Erdboden versinken.

Da, plötzlich steht Ruben ganz vorne auf dem großen Platz. Die Erwachsenen haben ihn ganz nach vorne gedrängt. Er steht nun ganz nahe bei Jesus. Jesus sieht Ruben, geht auf ihn zu, lächelt ihn freundlich an und spricht zu ihm: „Hallo, Ruben, ich freue mich, dass du zu mir gekommen bist. Ich kenne dich und weiß auch, dass du oft Ärger mit den anderen Kindern hast. Ich möchte dein Freund sein und dir zeigen, wie du auch Freunde finden kannst. Ich weiß auch, dass Gott dir dafür viel Kraft geben wird und bei dir ist, wenn du ihn brauchst. Versuch es einfach mit Geduld und Liebe."
Jesus legt seine Hände auf Rubens Kopf und segnet ihn.

In Rubens Bauch wird es ganz warm, seine Augen strahlen und er ist auf einmal ganz fröhlich. Er lacht Jesus an und sagt zu ihm:
„O Jesus, ich bin glücklich, dass du mein Freund sein willst und ich werde nun ganz anders mit den anderen Kindern umgehen. Ich probier es bestimmt. Danke."

2. Die Erzählung für ein wildes, auffälliges Kind

Die anderen Menschen hören dieses Gespräch auch. Einige kennen Ruben und sind gespannt, wie er in Zukunft mit anderen Kindern umgehen wird. Aber auch sie vertrauen auf die Güte Gottes.
Ruben läuft nach Hause und erzählt alles seiner Mutter, und auch seine Geschwister lauschen gespannt.

Abends im Bett betet Ruben: „Danke Gott, dass ich Jesus als Freund habe. Ich möchte auch für die anderen Kinder ein guter Freund werden, ohne zu streiten, zu zwicken, zu beißen und zu schlagen. Ich bitte dich, hilft mir dabei. Amen."

Schluss
Es war ganz still. Alle Kinder waren betroffen. Sie wollten die Geschichte gleich besprechen.
Viele äußerten sich dazu. Bei der Frage: „Habt ihr dies schon einmal erlebt?" kam von Christian: „Ja, der Fabian hat mich gestern so in den Finger gebissen, dass es geblutet hat."
Auch andere Kinder berichteten von ihren Erlebnissen mit solch einem „Rambo" und es war nicht immer Fabian.
Dann forderte ich die Kinder auf, sich für einen Gegenstand aus den Körben zu entscheiden und diesen zu unserer Jesuskerze zu legen, denn bei Gott können wir alles abladen, was uns bedrückt, ängstigt und freut. Alle überlegten.
Fabian nahm als erster einen Stein und sagte:
„Lieber Gott, ich hab den Christian gebissen, das mache ich nicht mehr."
Alle Kinder hörten schweigend zu. Stille.
Christian lächelte Fabian an und der Frieden zwischen ihnen war wieder geschlossen.

2. Die Erzählung für ein wildes, auffälliges Kind

Liedvorschläge
„Halte zu mir guter Gott" (EGB 641)
„Ich schreibe meinen Namen" (Rolf Krenzer, Das große Liederbuch)
„Ich bin getauft auf deinen Namen" (EGB 200)
„Weil ich Jesu Schäflein bin" (EGB 593)

Reflexion

Gerade diese Geschichte wurde für mich zu einem Schlüsselerlebnis: Vor Gott kann ich alles bringen, gerade auch die schlimmen Sachen. Er löst sie auf und wandelt sie zum Guten. Das hat Fabian sofort verstanden, denn es war ja seine Geschichte.
Fabian hat sich seit diesem Ereignis zu seinem Vorteil verändert. Er hat gelernt, mit seinen Emotionen besser umzugehen und Christian wurde sein bester Freund. Die Kinder haben den neuen Fabian mit Freude registriert.
Ich glaube, dass Gottes Geist und Liebe hier deutlich wirkten.

Die Methode mit den drei Körben wurde von da ab ein wichtiges Element zum besseren Umgang miteinander.

2. Die Erzählung für ein wildes, auffälliges Kind

Elternarbeit

Vorschlag für ein Elternblatt *(siehe Foto Elterntisch S. 29)*

Mutmachgeschichten aus der Bibel
Heute in unserer Andacht:
Kindersegnung aus der Sicht von Ruben

Pädagogische Aussage und Lebenssituation von Kindern heute:
- Stärke entwickeln
- Sicherheit und Halt für schwache Kinder in einer Gruppe fördern
- Selbstvertrauen und Selbstwertgefühl aufbauen
- Sich trauen, nicht aufgeben, sondern sich einen „anderen Weg" suchen
- An Schwierigkeiten wachsen

Religiöse Aussage:
- Jesus mag alle Kinder, egal ob sie schüchtern oder vorlaut, klein oder groß sind.
- Ruben und die anderen Kinder werden von Jesus gesegnet. Dieses Erlebnis führt die Kinder zu einer Gemeinschaft zusammen
- Segen ist die Zusage Gottes: „Du bist wertvoll." „Jesus kennt dich!" „Gott sorgt für dich." „Gott möchte dein Freund sein." „Er beschützt dich."
- Im Gebet kann ich Gott alle meine Sorgen, aber auch alles Frohe und Schöne sagen.

Geschichtensammlung zum Nacherzählen und selbst Gestalten

1. Die Taufe Jesu (Matthäus 3,13–17 oder Lukas 3,21–22)

Anlässe für diese Geschichte
- Feste im Jahreskreislauf
- Einstiegsgeschichte für alle weiteren Geschichten um Jesus
- Ein Kind steht vor einer neuen Aufgabe.
- Taufe eines Kindes
- Johannisfeuer am 24. Juni

Bezug zur Lebenssituation der Kinder
- Sensibel werden für die eigenen Gefühle.
- Ich bin o.k. so, wie ich bin. Ich darf meine Stärken leben, aber auch meine Schwächen haben.
- Auch der Angeber und Rambo ist ein geliebtes Kind Gottes.
- Gott als Begleiter und Helfer wissen.
- Urvertrauen entwickeln.
- Einen Freund gewinnen durch ein gemeinsam erlebtes Geschehen.
- Getauft sein verbindet und schafft eine gemeinsame Basis.
- Wenn kleine Babys getauft werden, können sie auch schon Einiges, z. B. lächeln, schreien, essen, lallen ... Ältere Kinder können schon viel mehr. Zusa-

ge an die Kinder: „Manches kennt ihr noch nicht, aber ihr bekommt genügend Zeit, es zu erlernen."
- Alles braucht seine Zeit, um hineinzuwachsen: im Kindergarten, in der Schule, im Erwachsenenleben und im Alter.

Religiöse Aussage
- Vertrauen in Gottes Güte aufbauen.
- Gott liebt mich so wie ich bin. Ich brauche nicht perfekt zu sein, ich darf in mein Leben hineinwachsen und er wird mich begleiten. Er gibt mir genügend Zeit und Menschen, die mir helfen.
- Ich darf die Gaben, die ich von Gott bekommen habe anwenden, wenn ich z. B. musikalisch, künstlerisch, handwerklich ... geschickt bin.
- Ich kann Jesus als Vorbild für mein Leben nehmen.
- Unser Auftrag als Menschen auf Erden lautet: Unser Tun soll bestimmt sein von Liebe zu anderen Menschen.
- Jesus merkte, dass seine Taufe etwas Besonderes war. Er sah eine Taube, die auf ihn herabkam und hörte eine Stimme in sich, die sprach: „Ich bin bei dir, du bist mein geliebter Sohn. Ich begleite dich, ich helfe dir."
- Mit dieser Geschichte wird deutlich, dass wir nicht nur mit Wasser getauft sind, sondern auch mit dem Geist Gottes. Dieser bereichert unser Leben um ein Vielfaches und erzieht uns zu Verantwortungsbewusstsein.
- Johannes der Täufer wurde der engste Freund Jesu. Auch Johannes ist auserwählt. Er ist etwas Besonderes.

Umsetzung

Gestalten der Mitte
- verschiedene blaue Chiffontücher (Wasser)
- Jesuskerze oder eine Taufkerze
- Steine
- eine Schüssel mit Wasser

1. Die Taufe Jesu

Einstieg
„Was könnte das Wasser hier in dieser Mitte bedeuten?"
Das Wasser hat etwas Reinigendes, etwas Veränderndes. Die Schüssel herumreichen und jedes Kind das Wasser fühlen lassen.

Stilleübung
Eine Glasschüssel mit Wasser in die Mitte stellen und jedes Kind legt nacheinander einen Stein in die Wasserschüssel.

Erzählung
Jesus wurde auch getauft. Diese Geschichte möchte ich euch jetzt erzählen, denn damals wurde dies ganz anders getan als heute. Damals wurden die Menschen in einem Fluss ganz untergetaucht, um sich „rein zu waschen" und als ein neuer Mensch wieder aufzutauchen. (Das Wort „taufen" kommt von „eintauchen".)
Johannes der Täufer taufte ganz viele Menschen im Fluss. Alle diese Menschen wollten zu Gott gehören. Johannes wusste schon ganz viel von Gott.
Als Jesus, der Schreiner aus Nazaret an den Jordan kam, bat er Johannes den Täufer, ihn doch zu taufen.
Da sagte Johannes zu ihm: „Was, ich soll dich taufen? Irgendetwas ist anders an dir, ich weiß gar nicht wie mir ist."
Jesus antwortete ihm: „Bitte, taufe mich."
Als Jesus von Nazaret stieg er in den Fluss: Er war bereit, sein Leben zu ändern und taucht als ein neuer Mensch mit einer neuen Lebenseinstellung und Lebensaufgabe wieder auf: als Jesus, der Sohn Gottes.
Johannes wundert sich. Was war das auf einmal? Ihm wird ganz sonderbar. Was soll das alles bedeuten?

Jesus merkt, dass Gott ihn persönlich kennt. Er nennt ihn „mein Sohn". Gott sagt zu ihm: „Ich habe Großes mit dir vor, es wird nicht leicht werden. Es passiert auch viel Schlimmes. Aber ich verspreche dir: Wo immer du auch bist, bin ich bei dir."

Er wurde mit dem Geist Gottes getauft, der oft als Taube dargestellt wird, die vom Himmel fliegt. Jesus möchte Gott als Wegbegleiter haben. Er möchte so leben, wie Gott es ihm sagt.

Johannes ist ganz aufgeregt: „Ja, dieser Jesus muss der sein, der von Gott gesandt ist und ich habe ihn gesehen und er ließ sich sogar von mir taufen", denkt er. „Ich habe doch gleich gemerkt, dass dies ein besonderer Mensch ist. Jetzt weiß ich es ganz bestimmt: Er ist der Gesandte, der die Welt zum Guten verändern will. Ich will bei ihm bleiben."

Ja, und so wurde Johannes einer seiner besten Freunde.

In dieser Geschichte bekommt Jesus seinen Auftrag und seine neue Bestimmung. Er ist Gottes Sohn. Er ist anders als die anderen Menschen. Er ist etwas Besonderes. Ein Vorbild, ein Gesandter Gottes, ein Heiler und Helfer.

Schluss
Ich gehe mit der Schüssel nochmals herum und zeichne jedem Kind ein „Wasserkreuz" in dessen Handfläche mit den Worten: „Gott kennt auch dich." Oder: „Gott sagt Ja zu dir."

Liedvorschläge
„Weil ich Jesu Schäflein bin" (EGB 593)
„Wo zwei oder drei" (EGB 568)
„Kind, du bist uns anvertraut" (EGB 576)

2. Das Gleichnis vom verlorenen Schaf (Lukas 15,1–7)

Aus der Sicht des verlorenen Schafes

Bezug zur Lebenssituation der Kinder
- Alleinsein („Kommt die Mama auch heute Mittag wieder?")
- Einsamkeit (typischer Dialog zwischen Mutter und Kind: „Aber ich war schon unterwegs, dich zu suchen." – „Ja! Das habe ich gemerkt.")

2. Das Gleichnis vom verlorenen Schaf

- Unangenehme Zustände aushalten lernen, Geduld üben.
- Bin ich wertvoll?
- Ich bin zwar weggelaufen oder habe etwas angestellt, aber ich bin trotzdem angenommen.
- Das Einhalten von Regeln kann lebenswichtig sein.
- Innehalten, um klar und ruhig weiter zu entscheiden.
- Ermutigung, selbst Initiative zu ergreifen.
- Erkennen, dass es meist mehrere Lösungswege gibt.
- Selbständig werden.
- Vertrauen entwickeln zu Menschen, die mir nahe stehen.
- Familie als schützenden und behütenden Rahmen erleben dürfen.
- Ich bin wichtig, obwohl ich klein bin.
- Vertrauensbeweise bekommen (Lob, Zärtlichkeiten ...)
- Verzeihung, Freude, Liebe erleben, Erleichterung spüren.
- Im (fiktiven) Dialog zwischen Hirten und Schaf kann sich das Kind mit dem sprechenden Schaf identifizieren. Die Geschichte wird so für Kinder greifbarer.

Religiöse Aussage
- Gott ist immer bei mir. Er begleitet mich mein ganzes Leben und zeigt mir einen neuen Weg.
- Gottvertrauen aufbauen: Ich bin Gott wichtig.
- Lebensperspektive erlangen.
- Er „trägt" mich, wenn ich nicht mehr „alleine gehen" kann (z. B. Bild der Spuren im Sand). Egal, was passiert, ich bin nicht allein.
- Glaubenszusage.

Umsetzung

Gestalten der Mitte *(siehe Foto)*
- ein Hirte, viele Schafe, ein Hund (Figuren aus der Weihnachtsgeschichte)
- grüne Tücher für die Wiesen legen
- bunte Seidenblumen und Kräuter verteilen

2. Das Gleichnis vom verlorenen Schaf

- einige große Steine auflegen
- Jesuskerze aufstellen
- Textstreifen vorbereiten mit den Worten „Jesus ist wie ein guter Hirte für mich" oder „Gott sorgt für mich"

Stilleübung
ein kleines Schaf oder etwas Schafwolle von Kind zu Kind weitergeben

Erzählung
Auf einer Wiese am Morgen: Das kleine Schaf begrüßt den neuen Tag. Dann begrüßt es noch die anderen Schafe. Es fühlt sich wohl, es springt herum.
„Die großen Schafe sind da und passen auf mich auf. – Was gibt es denn heute zum Frühstück? ... Wo ist denn der Hirte? Ah, dort."
Der Hirte ermahnt sie alle: „Wenn ihr fresst, schaut euch immer einmal nach mir um, ob ihr mich noch seht. Dann kann euch nichts passieren."

Das kleine Schaf frisst, es zupft da ein Gräslein, dort ein Kräutlein – „Oh, dort drüben wächst ja mein Lieblingskraut." – Es schaut zum Hirten: „Ah, da ist er!" – Es frisst weiter. – „Oh, da drüben gibt es noch bessere Gräser, toll!" Es frisst weiter und weiter.
Jetzt schaut es auf und späht nach dem Hirten: „Weg ist er! Nichts mehr zu sehen, nichts mehr zu hören." Das kleine Schaf hat die Herde und den Hirten verloren.

„Von wo kam ich denn her? Ich glaube, von da!" – Es rennt hin: „Nein, doch nicht. Ach, ich ging doch mit der Sonne, also dorthin – nein, auch nichts zu sehen vom Hirten! Ich glaube, dort drüben ist der richtige Weg, – nein, auch nicht."
„Jetzt erst mal langsam, keine Aufregung: Ich muss jetzt ganz ruhig nachdenken, stehen bleiben, durchschnaufen. Lieber Gott, hilf mir doch!" Das kleine Schaf beginnt laut zu blöken: „Mäh, mäh ...".

2. Das Gleichnis vom verlorenen Schaf

Schließlich ist es ganz erschöpft. Nirgends hört und sieht es etwas von der Herde: „Ich kann jetzt nur noch auf den Hirten warten." Es legt sich hin. „Ob der Hirte merkt, dass ich weg bin? Sicher! Er kennt mich doch. Aber, ich bin doch so klein und er muss sich doch noch um die anderen Schafe kümmern. Hoffentlich merkt er, dass ich fehle – doch, doch er wird mich ganz bestimmt suchen!"
Nun ist das kleine Schaf vor Müdigkeit eingeschlafen. Als es wieder aufwacht, steht die Sonne schon ganz hoch. „Er muss mich finden, er muss mich doch suchen!" Es lauscht – nichts. Dann blökt es wieder ganz laut: „Mäh, mäh, mäh!"

Da, es hört eine Stimme und einen Hund bellen. Sofort läuft es los in die Richtung, aus der die Stimmen kommen.
Da erscheint die große Gestalt des Hirten. „Na, du Ausreißer, da bist du ja!" Er beugt sich zu dem Schaf hinunter und hebt es auf seine Schultern.
Das Schaf ist unendlich froh. „Hier auf deinen Schultern ist der schönste Platz. Hast du mich auch gleich vermisst?" – „Ja, ich kenne euch doch alle. Die Großen konnten gut mal alleine bleiben, zumal ich ja den einen Hund bei ihnen gelassen habe."
Das Schaf fragt: „War der Weg zu mir hierher sehr anstrengend?" Der Hirte antwortet: „Ja, schon, und ich bin ganz schön müde."
„Bist du mir böse? Hast du dich sehr geärgert?"
„Ach, weißt du, erst hatte ich ganz große Sorgen um dich, aber nun bin ich so glücklich, dass ich dich wieder habe, ich bin dir nicht mehr böse. Die anderen warten bestimmt schon auf dich, damit du ihnen alles erzählen kannst. Komm, wir gehen!"
Als sie nun bei der Herde ankommen, umringen die anderen Schafe das kleine Schaf und sagen: „Du hast bestimmt viel erlebt, erzähl doch mal." Und dann beginnt das Schaf und erzählt seine Geschichte.

Am Abend betet das kleine Schaf: „Lieber Gott, heute war ein aufregender Tag. Danke, dass ich so einen guten Hirten habe. Ich bin froh, dass du ihn mir geschickt hast, um mich zu suchen und zurückzubringen. Du bist für mich auch so ein guter Hirte. Danke, dass ich zu dir gehöre. Amen."

Liedvorschläge
„Weil ich Jesu Schäflein bin" (EGB 539)
„Der Herr, mein Hirte führet mich" (EGB 594)

Gestaltungsvorschlag, Basteltipp
- ein Schaf basteln
- ein Ausmalbild mit Schafen austeilen und ausmalen lassen (siehe Hinweis S. 140)

Elternblatt
Text siehe: Bezug zur Lebenssituation und Religiöse Aussage, S. 37/38

Aus der Sicht eines der 99 Schafe

Ein neues Kindergartenjahr beginnt und natürlich dreht sich alles um die „kleinen, neuen Kinder". Doch wo bleiben die „Großen"?
Ihnen gilt es, gerade in dieser Zeit, ebenso Aufmerksamkeit zu geben, damit sie sich nicht „vergessen" vorkommen. Daher erzähle ich die Geschichte vom verlorenen Schaf und dem guten Hirten aus der Sicht eines „großen" Schafes.

Bezug zur Lebenssituation der Kinder
- Im Mittelpunkt stehen lernen.
- Zweifel zulassen.
- Regeln werden überschritten, Selbstüberschätzung wird spürbar.
- Seinem Ärger Luft machen, wütend sein dürfen.
- Sich selbst nicht immer zu wichtig nehmen.
- Unangenehme Zustände aushalten lernen, Geduld üben.
- Sich selbst zurücknehmen lernen.
- Das Einhalten von Regeln kann lebenswichtig sein.
- Angst aushalten lernen.
- Ermutigung, selbständig zu werden.
- Eigeninitiative entwickeln, ausprobieren, was ich schon selbst kann.

2. Das Gleichnis vom verlorenen Schaf

- Ein Auftrag wird erteilt und Zuverlässigkeit ist gefordert.
- Es gibt meist mehrere Lösungswege: neue Wege suchen, meinen Weg finden.
- Vertrauen entwickeln zu Menschen, die mir nahe stehen.
- Familie als schützenden und behütenden Rahmen erleben dürfen.
- Verantwortung nicht nur für sich, sondern für die ganze Gemeinschaft übernehmen lernen. Jeder ist wichtig! Ich bin wichtig, obwohl ich klein bin!
- Gemeinschaft macht stark und gibt Schutz und Halt.
- Sich freuen können, wenn etwas gut beendet wurde.
- Dankbar sein, dazuzugehören.
- Einen Blick für die Nöte Anderer, Mitgefühl entwickeln.
- Negative Gefühle an sich selbst wahrnehmen und in Verständnis und Liebe umwandeln.
- Eigene Strategien aufbauen.

Religiöse Aussage
- Gott ist immer bei mir. Er zeigt mir einen neuen Weg.
- Ich bin Gott wichtig.
- Gottvertrauen aufbauen.
- Lebensperspektive erlangen.
- Sich der Güte Gottes gewiss sein.

Umsetzung

Gestalten der Mitte
- ein Hirte, viele Schafe, ein Hund (Figuren aus der Weihnachtsgeschichte)
- grüne Tücher für die Wiesen legen
- bunte Seidenblumen und Kräuter verteilen
- einige große Steine auflegen
- Jesuskerze aufstellen
- Textstreifen vorbereiten mit den Worten: „Jesus ist wie ein guter Hirte für mich" oder „Gott sorgt für mich"

2. Das Gleichnis vom verlorenen Schaf

Stilleübung
ein kleines Schaf z. B. aus Holz oder etwas Schafwolle von Kind zu Kind weitergeben

Erzählung
Heute erzähle ich euch die Geschichte von einem Hirten und seinen 100 Schafen. Ihm zur Seite standen noch zwei Hunde, die Tag und Nacht aufpassten, dass kein Schaf verloren ging oder von einem Wolf gefressen wurde. Denn die Hunde konnten einfach viel schneller rennen als der Hirte.
In unserer Herde gab es viele große Schafe und auch einige kleine Lämmchen, die gerade geboren waren und die ganze Zeit noch bei ihren Müttern waren. Neugierig wurden die frisch geborenen Schäfchen von allen angeschaut. Jedes Schaf wollte sie sehen. „Oh, sind die süß. So kleine Ohren und so weiches Fell." Alles drehte sich nur noch um die kleinen Schäfchen.

Ich bin Jaob. So hat mich mein Hirte genannt. Ich gehöre jetzt zu den älteren Schafen. Einige größere Schafe waren ärgerlich über soviel Getue um diese „kleinen Dinger"! Sie wollten sie nicht anschauen. Ihnen waren sie egal!
„Der Hirte hat gar keine Zeit mehr für uns. Er hat nur noch Zeit für diese kleinen Schafe", maulte eines dieser älteren Schafe aus meiner Gruppe.
„Ja", sagte ich „er hat überhaupt noch nicht gesehen, dass ich schon so weit springen kann. Er hat nur noch Zeit für die kleinen Lämmer und gar keine Zeit mehr für mich. Darüber bin ich ganz traurig. Ich glaube fast, wir anderen sind ihm ganz egal."
Was ist denn jetzt wieder los? Die Schafmütter blöken und rennen herum. Ist etwas passiert?
Was? Ein kleines Lämmchen ist verschwunden?
Ob es sich verlaufen hat? Ob es der Wolf gefangen hat?
Die Schafmutter ist ganz traurig.
Oh, unser Hirte steigt auf den Stein. Möchte er uns etwas sagen?
Ich laufe mal etwas näher hin zu ihm, damit ich ihn besser verstehen kann. Ja, er möchte uns etwas sagen.

2. Das Gleichnis vom verlorenen Schaf

„Hört zu: Das kleinste Schaf ist verschwunden und ich gehe jetzt, es zu suchen. Ich weiß nicht, wie lange ich weg bin. Bleibt dicht beieinander, haltet zusammen und helft euch untereinander, bis ich wieder da bin. Die Hunde bleiben hier bei euch. Ich gehe jetzt von euch weg, aber ich denke auch an euch und bitte Gott, dass er auch auf euch aufpasst. Seid guten Muts und begleitet auch mich mit guten Gedanken, damit ich das kleine Schäfchen bald wiederfinde. Denkt auch daran, wie viel Angst das Lämmchen haben muss, so ganz alleine da draußen, wo es sich nicht auskennt. Als Hirte bin für euch alle verantwortlich und besonders natürlich für dieses neugeborene Lamm, denn es braucht seine Mutter noch und den Schutz unserer großen Herde."

Jaob denkt: „Ja, ich habe alles verstanden. Das kleine Lamm tut mir echt leid. Aber unser guter Hirte wird es bestimmt wiederfinden. Was soll ich tun? Dicht bei den anderen bleiben, auf die andern mit aufpassen, den Hirten und besonders das Lämmchen mit guten Gedanken begleiten? Ja, das will ich tun, denn der Hirte macht ein sehr ernstes und trauriges Gesicht. Er ist in großer Sorge. Hoffentlich geht alles gut. Aber sicher beschützt Gott das kleine Lamm. Er weiß bestimmt, wo es jetzt ist. Nur der Hirte und wir wissen es nicht.
Oh, was macht denn der Hirte jetzt? Er geht zu jedem Schaf und streichelt es und verabschiedet sich von jedem. Jetzt ist er gleich auch bei mir. Da freue ich mich! Mein Herz ist ganz froh. Jetzt kommt er zu mir!
Ach, tut das gut, seine warme, liebe Hand zu spüren und von ihm gestreichelt zu werden!
Er hat mich auch lieb, er nimmt sich für mich Zeit, obwohl er in großer Sorge und Angst um das kleine Lamm ist.
Ich bin glücklich, dass ich zu diesem Hirten gehöre!
Kommt, wir wollen beieinander bleiben, so wie es unser guter Hirte gesagt hat. Er soll sich auf uns „Große" verlassen können. Er braucht uns auch. Wir sind ihm ganz wichtig, aber eben anders als die neuen Schafe.

(Kurze Pause)

2. Das Gleichnis vom verlorenen Schaf

Es ist viel wärmer, wenn wir so dicht beieinander stehen. Alle Schafe gehorchen und haben den Hirten verstanden. Das tut gut.
Ob es noch lange dauert? – Es wird ja schon dunkel. Wo wird er denn jetzt sein?
Lieber Gott, lass die beiden bald wieder da sein!
Alle Schafe sind ganz still.
Jeder denkt bestimmt auch an die beiden. Ob es noch lange dauert, bis sie wieder bei uns sind? Das Warten ist sehr anstrengend!

Da, die Hunde werden nervös, sie bellen ganz aufgeregt.
Oh, der Hirte kommt wirklich wieder! Ich kann ihn sehen!
Was hat er denn auf seinen Schultern? Ja, es ist das Lämmchen!
Beide sind wieder bei uns. Gott sei Dank!
Er bringt es direkt zur Schafmutter.
Ich spüre, dass alle um mich herum erleichtert und froh sind.
Ich muss doch glatt vor Freude hüpfen! Was ist jetzt noch?
Der Hirte steigt wieder auf den Stein. Sicher erzählt er uns jetzt, wie er das kleine Schaf wiedergefunden hat.

Er sagt: „Ich bin wirklich erleichtert und froh wieder bei euch allen zu sein und das Lämmchen zu unserer Herde zurückgebracht zu haben. Ich habe gespürt, dass ihr ganz fest an uns beide gedacht habt und auch, dass Gott mir den Weg zum Lämmchen gezeigt hat. Stolz bin ich auf euch, weil ihr so gut aufeinander aufgepasst habt und beieinander geblieben seid. Ich kann mich wirklich auf euch alle verlassen. Das macht mich sehr glücklich."

Jaob denkt: „Ich bin auch stolz und glücklich, zu diesem Hirten und seiner Herde zu gehören. Lieber Gott, ich danke dir, dass ich in dieser Herde leben darf und hier behütet und beschützt groß werden kann. Amen.
Morgen werde ich zum Lämmchen gehen und es begrüßen."

2. Das Gleichnis vom verlorenen Schaf

Liedvorschläge
„Weil ich Jesu Schäflein bin" (EGB 539)
„Der Herr, mein Hirte führet mich" (EGB 594)

Gestaltungsvorschlag, Basteltipp
- ein Schaf basteln
- Ausmalbild mit Schafen austeilen und ausmalen lassen (siehe Hinweis S. 140)

Elternblatt

> Morgenandacht
> **Das Gleichnis vom guten Hirten**
> aus der Sicht eines der 99 großen Schafe
>
> Die neuen Kinder sind in den Kindergarten gekommen und natürlich stehen sie zurzeit im Mittelpunkt. Doch wo bleiben die Großen? Ihnen gilt es in dieser Zeit, auch viel Aufmerksamkeit zu geben, damit sie sich beachtet fühlen. Daher die Geschichte vom guten Hirten aus der Sicht eines „großen" Schafes.
>
> Bezug zur Lebenssituation der Kinder:
> - Das Einhalten von Regeln kann lebensnotwendig sein
> - Ermutigung, selbständig zu werden
> - Unangenehme Zustände aushalten lernen, Geduld üben
> - Vertrauen entwickeln zu Menschen, die mir nahe stehen
> - Gemeinschaft macht stark!
> - Verantwortung übernehmen lernen
> - Sich selbst zurücknehmen
> - Einen Blick für die Nöte anderer entwickeln
> - Rücksicht üben

> Religiöse Aussage:
> - Gott ist immer bei mir. Er zeigt mir einen neuen Weg.
> - Ich bin Gott wichtig.
> - Gottvertrauen aufbauen
> - Sich der Güte Gottes sicher werden
> - Neue Lebensperspektiven gewinnen

Passion und Ostern

Ich habe einen sehr guten und leicht nachvollziehbaren Weg gefunden, mich gerade mit den Geschichten des Leidensweges Jesu anzufreunden. So möchte ich Ihnen meine Gedanken zu Ostern anbieten.

Ostern heißt: Der Herr ist auferstanden! Er ist wahrhaftig auferstanden! Der Tod ist nicht das Letzte! Wir Christen glauben an die Auferstehung und hoffen, dann bei Gott und Jesus zu sein. Wir haben einen „Ort der Hoffnung". Manche nennen ihn Himmel oder Paradies ... Wir irren nicht ungeliebt im Weltall umher, sondern Gott wartet auf uns. Wir werden erwartet, wir sind willkommen!

Wir sind geliebte Kinder Gottes. Das ist Zuversicht und Hoffnung und hilft uns, das Leben entspannter zu leben. Und um diese Denkweise geht es mir mit dem selbst gestalteten Jesusbuch (siehe S. 117ff): Jedes Kind soll und kann sich als geliebt und gewollt erleben und hat einen lebenslangen Freund – Jesus, der es nicht verlässt, nur weil es etwas angestellt hat oder den hohen Ansprüchen der Eltern nicht entspricht. Gott liebt uns so, wie wir sind. Das ist Gnade.

Ostern ist auch Verwandlung, Erleichterung, Wunder, Geheimnis, Zweifel („Das kann es doch gar nicht geben", Reaktion von Maria und Maria Magdalena) bis hin zu einer ganz großen Freude.

Passion und Ostern

Bevor das alles eintreten kann, hat Gott den Weg mit Steinen und Schluchten, mit Höhen und Tiefen, aber auch mit ganz viel Vertrauen und Hoffnung bereitet. Ich kann Ostern nicht ohne die vielen vorausgehenden Geschichten von Jesu Taten und Erlebnissen erzählen und dazu gehört eben auch unbedingt der „Leidensweg" Jesu.
Ich habe schon erlebt, dass Ostern ohne Jesu Kreuzigung und Tod den Kindern erzählt wurde. Viele halten sich krampfhaft von Sterben und Tod fern, weil sie selbst ein großes Problem damit haben. Hier möchte ich Ihnen noch eine kleine freiwillige Aufgabe zumuten.

Setzen Sie sich einmal hin und schreiben sie ihre Gedanken zu Sterben und Tod auf:
- Wie bereiten Sie sich auf ihren eigenen Tod vor?
- Wovor haben Sie Angst und was können sie dagegen tun?

Es hilft ungemein, diesem Thema die belastenden Stacheln zu nehmen, um gestärkt und geklärter sein Leben zu führen und auch authentisch den Kindern gegenübertreten zu können.

Wir Christen glauben an das Leben nach dem Tod. Also wovor sollten wir uns fürchten? Das ist einfach gesagt, aber nähmen wir unseren Glauben wörtlich, bräuchten wir uns wirklich nicht davor zu fürchten. Weil wir aber eben Menschen sind, die gerne am Leben festhalten, bereitet der Tatbestand des drohenden Todes uns allen mehr oder weniger „Bauchgrimmen".
Kinder gehen an dieses Thema viel unbeschwerter heran. Wir können ganz viel von ihnen lernen.
Wenn Sie Ostern erzählen möchten, sollten unbedingt einige schöne, positive und wohltuende Jesusgeschichten vorher erzählt werden!
Ich habe zehn Geschichten zusammengestellt, die ich Kindern unbedingt erzählen möchte. Sie können diese Geschichtenreihe ergänzen oder die eine oder andere Geschichte weglassen. Sie entscheiden, was für Sie wichtig ist und welche Botschaft Gottes und Jesu Sie für Kinder heute aufbereiten wollen.

Meine erste Geschichte ist die Kindersegnung, siehe S. 20ff. Welche Version oder Perspektive Sie anbieten möchten, liegt in Ihrer Entscheidung. Danach folgt die Geschichte von Bartimäus.

3. Bartimäus (Lukas 18,35–43 oder Markus 10,46–52)

Bezug zur Lebenssituation der Kinder
- Bewusst machen, was es heißt, blind zu sein. Einfühlen in eine konkrete Notlage und dankbar sein, dass wir alle sehen können.
- Anderssein akzeptieren lernen, behinderte Menschen mit einbeziehen in meinen Alltag, denn auch wir können morgen behindert sein.
- Mutig werden und sich etwas zutrauen können, einen Schritt ins Ungewisse wagen! Dies ist gerade für neue Kinder am Anfang einer Kindergartenzeit wichtig.
- Genau hinsehen üben, wo auch meine Hilfe als Kind nötig ist: beim Aufräumen, den Kleineren helfen, der Mutter helfen ... und nicht wegschauen!
- Lernen, jemand anderen um Hilfe, um einen Gefallen zu bitten.
- Nicht das Äußere macht einen Menschen wertvoll, sondern die inneren Werte wie Güte, Geduld, Nächstenliebe, Bescheidenheit, Rücksichtnahme, Dankbarkeit, Freundlichkeit.
- Ausdauer und Durchsetzungsvermögen beweisen, Beharrlichkeit entwickeln.
- Erfahren, wie es ist, wenn mir jemand nicht hilft, mich nicht sieht, mich nicht bemerkt („Du bist nicht mehr mein Freund").
- Mit Ablehnung und Zuneigung umgehen lernen. Trotzdem gibt es Menschen, die mich mögen, die zu mir stehen. Ist es mir wichtig, „viele wechselnde Freunde" zu haben, oder genügt es mir, einen festen Freund zu haben, mit dem ich spielen, aber auch streiten kann, der mir hilft und der mir weiterhilft, wenn ich Mist gebaut habe? Stichwort: Bindungsfähigkeit
- Sich selbst überwinden lernen. Sich einen neuen Weg suchen.
- Ermutigung, die körpereigenen Kräfte zu mobilisieren, selbst aktiv zu werden.
- Grenzen überwinden, nicht aufgeben, durchhalten lernen.

3. Bartimäus

Religiöse Aussage
- Gottes Güte ist größer als sich ein Mensch vorstellen kann.
- Gott gibt jedem Menschen immer wieder eine neue Chance zum Neubeginn, um sich zu ändern, sein Leben anders zu gestalten.
- Jesus lehrt uns Menschen das Hinschauen und nicht das Wegschauen.
- Durch ein Gebet („Jesus hilf mir!", ruft Bartimäus) und die damit verbundene Bitte an Gott als Gegenüber lerne ich, ein Ziel zu formulieren. Jesus will mir sagen, dass ich ihn um alles bitten kann. Doch die Erfüllung meiner Wünsche liegt in der Gnade Gottes.
- Gott will mich aufmerksam machen, dass ich wachsam werde im Umgang mit mir selbst und mit anderen.
- Nächstenliebe üben („Was du einem meiner geringsten Brüder getan hast, das hast du mir getan.")
- Gott dankbar sein, dass ich gesund bin.

Umsetzung

Gestalten der Mitte *(siehe Foto)*
- zwei weiße Augen aus Stoff auflegen
- schwarzer Stoff als „Augenbinde", die über den weißen Augen liegt
- ein rotes Tuch zu einem Mund legen
- viele Dinge, die Bartimäus dann sehen kann bereitstellen
- Jesuskerze aufstellen
- die Figur des Bartimäus mit einer Augenbinde versehen
- Jesusfigur hinstellen
- ein Becher und ein Stück Brot
- Blumenvase in die Mitte stellen

3. Bartimäus

Stilleübungen
- Eine Augenklappe aufsetzen lassen und selbst erleben, wie es ist, nichts sehen zu können.
- Durch ein Mikroskop schauen, um besser und genauer sehen zu können.
- Einen Stoffbeutel (in der Montessoripädagogik bekannt als Geheimnisvoller Beutel) von Kind zu Kind weitergeben und einen Gegenstand z. B. ein Holzschaf oder etwas Schafwolle ... erfühlen lassen.

Erzählung
Draußen bei dem Stadttor vor der Stadt Jericho saß jeden Tag ein Mann. Er war sehr arm. Sein Hemd und seine Hose waren schäbig und zerrissen. Neben ihm stand ein Becher mit Wasser und oft hatte er nur ein Stück Brot. Wenn er trinken wollte, tastete er sich nach vorne, denn er konnte nicht sehen.
Bartimäus hieß der Mann und er war blind. Um ihn herum war es immer dunkel. Bartimäus saß dort tagein und tagaus allein. Viele Leute gingen an ihm vorbei und manche gaben ihm eine kleine Silbermünze oder etwas zu essen. Er hoffte immer, dass jemand bei ihm stehen blieb und nur ein bisschen mit ihm redete. Darüber hätte er sich schon gefreut. Aber die meisten kannten den blinden Bettler schon und eilten an ihm vorüber. Die Zeit, mit ihm zu sprechen, nahm sich keiner.
Auch heute saß Bartimäus wieder an seinem alten Platz. Aber er spürte, dass heute etwas anders war. Etwas lag in der Luft. Es waren mehr Menschen unterwegs als sonst und überall hörte er aufgeregte Stimmen.
„Was ist denn heute los?", rief er einer Gruppe von Stimmen zu. Er spürte die bewegte Luft, die sie mitbrachten.
Aber die Menschen waren so aufgeregt und schrieen durcheinander, dass sie Bartimäus überhörten. Es wurde immer lauter und geschäftiger, und Bartimäus wurde immer ungeduldiger, weil er nicht wusste, was da vor sich ging.
„Wenn ich doch nur sehen könnte, dann wäre ich nicht so unsicher und hilflos. Ich muss aber doch irgendwie herausbekommen, was da los ist. He du, wo gehst du denn hin?", fragte er, als er wieder einen Menschen heraneilen spürte.

3. Bartimäus

„Was, das hast du noch nicht mitbekommen? Jesus kommt doch in die Stadt. Er wird bald hier sein. Er muss gleich da sein." Und schon war auch er in der Menschenmenge verschwunden.

„Jesus kommt? Der, von dem alle erzählen, dass er zu allen Menschen freundlich ist, sogar Kranke gesund machen kann und so viele gute Dinge tut? Den würde ich auch gerne sehen! Aber wie denn, ich bin ja blind! Vielleicht kommt er ja hier bei mir vorbei. Ob er mir helfen kann, dass ich wieder sehen kann? Aber hier in meiner Ecke sieht er mich bestimmt nicht. Ich muss weiter nach vorne, dann werde ich schon spüren, wenn er in meiner Nähe ist. Sicher werden alle ganz laut seinen Namen rufen und ich werde dann noch lauter rufen, denn eine laute Stimme habe ich ja."
Aufgeregt tastet sich Bartimäus vorsichtig Stück für Stück weiter nach vorne. Von allen Seiten wird er bedrängt, gestoßen und getreten. Aber er gibt nicht auf. Er möchte so nahe wie möglich an diesen Jesus herankommen.

„Aber was nützt denn das alles? Jesus wird mich gar nicht sehen oder hören bei all den Menschen um mich herum. Er wird zu manchem andern hingehen, aber bestimmt nicht zu mir. So wie ich aussehe. Die anderen haben sich bestimmt sehr schön angezogen und sich fein gemacht. Ich kann sie zwar nicht sehen, aber ich kann es mir ganz lebhaft vorstellen.
Niemand in Jericho beachtet mich, warum dann ausgerechnet dieser Jesus? Wahrscheinlich hat es überhaupt keinen Sinn, mich nach vorne zu schleppen. – Aber doch! Ich will ihm ganz nahe sein, wenn er hier vorübergeht. Ich muss da vor!"
Nun hört er die Menschen rufen: „Da kommt er, da kommt Jesus!"

Bartimäus ließ sich nicht mehr zurückhalten. Er schob sich durch die Menschenmenge und während er sich vordrängelte, rief er erst leise und dann so laut er konnte: „Jesus! Jesus!"
Aber die andern Leute fuhren ihn an. „Schweig! Jesus hat keine Zeit für dich. Er muss zu einem großen Fest nach Jerusalem."

3. Bartimäus

Aber Bartimäus gab nicht auf. Er rief ganz laut: „Jesus, hier bin ich." Er rief wieder und immer wieder und er war schon ganz rot im Gesicht vor lauter Rufen. Auf einmal lauschte er, denn er hörte eine freundliche Stimme, die sagte: „Bringt diesen Mann zu mir. Ich will mit ihm reden."
Da wurde es auf einmal ganz still. Auch Bartimäus hörte auf zu schreien.
„Wen er wohl zu sich rief?", fragte er sich. Denn er konnte ja nicht sehen, in welche Richtung Jesus schaute.
Doch plötzlich spürte er ganz viele Blicke auf seinem Körper.
„Sollte Jesus mich meinen? Mich, den blinden Bettler? Nein, das kann doch nicht sein."

Da flüstert ihm ein Mann neben ihm ins Ohr: „Ja, Bartimäus, er meint dich."
Bartimäus' Herz begann wie wild zu klopfen. „Sicher will Jesus mit mir schimpfen, weil ich immer bettle und gerade so laut gebrüllt habe", und sein Herz klopfte noch stärker.
„Komm doch näher zu mir, hab keine Angst."
Bartimäus nahm all seinen Mut zusammen und tastete sich in die Richtung, aus der die freundliche Stimme kam. Ein Fremder nahm ihn sogar an der Hand und führte ihn direkt zu Jesus. Bartimäus fühlte deutlich: Jetzt bin ich ganz nah bei ihm. Sein Herz wurde ruhig und er spürte ganz tief in sich eine wohltuende Wärme. Er hatte es endlich geschafft. Er war bei Jesus!

Jesus fragte ihn: „Was willst du denn von mir? Was kann ich für dich tun?"
Bartimäus konnte vor Aufregung gar nicht frei sprechen. Ganz leise sagte er: „Herr, ich will keine schönen Kleider, ich will keinen Reichtum, aber bitte hilf mir, dass ich wieder sehen kann!"
„Weil du so fest an mich geglaubt hast, will ich dir helfen", antwortete Jesus. „Du wirst merken, dass du nun sehen kannst, weil du es so fest gewollt hast und nicht aufgegeben hast, nach mir zu rufen."
Bartimäus spürte die Veränderung, die mit ihm passierte und er öffnete langsam seine Augen.

3. Bartimäus

Wirklich! Er konnte sehen: Er sah den blauen Himmel, die bunten Blumen, das Stadttor und dahinter die Häuser von Jericho. Er sah die vielen Menschen, die ihn staunend und mit offenem Mund anstarrten.
Und er sah Jesus.

Alles war so, wie er es sich immer vorgestellt hatte.
In einem Gebet dankte er Gott: „Guter Gott, ich danke dir, dass du mir Jesus geschickt hast und ich nun sehen kann. Ich werde ab heute meine Augen offen halten, damit ich sehen lerne, wo ich helfen kann, und werde anderen Menschen von deiner Güte und Liebe erzählen."

Gebet
Guter Gott, öffne uns die Augen,
dass wir einander sehen und verstehen.
Öffne uns die Ohren,
für die Worte der Menschen – frohe und traurige.
Öffne uns die Hände,
für die Menschen, die unsere Hilfe brauchen.
Amen.

Liedvorschlag
„Gib uns Ohren, die hören" (Das Kindergesangbuch 195)

Schluss
- Den Text des Gebetes kopieren und jedem Kind mitgeben.
- Ausmalbild Bartimäus austeilen und ausmalen lassen (siehe S. 142)

Elterntisch
siehe Foto

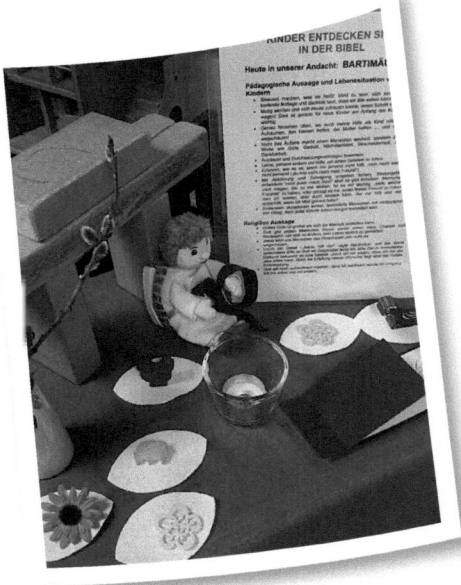

4. Zachäus (Lukas 19,1–10)

Bezug zur Lebenssituation der Kinder
- Erfahrung: Keine Freunde haben, niemand will mit mir spielen.
- Egoistisches Handeln wird erkennbar.
- Es gibt Menschen, die unbeliebt sind, die niemand mag, weil sie ungerecht und hartherzig sind. Sie sind einsam.
- Richtiges Verhalten ansprechen, wenn ein neues Kind in die Gruppe kommt: aufeinander zugehen, freundlich sein, hilfsbereit sein ...
- Rambo-Manieren deutlich machen.
- Unsicherheit aufzeigen: Der hat was, was ich nicht habe, das macht Angst.
- Neugierig sein.
- Sich überwinden.
- Ausdauer, Zielstrebigkeit beweisen.
- Sich unsicher fühlen.
- Sich ertappt fühlen.
- Eine Spannung aushalten lernen.
- Erkenntnis vermitteln: Wenn ich freundlich mit anderen umgehe, dann gehen sie auch freundlich mit mir um und ich bekomme Freunde.
- Es ist schwer, sich bei jemandem anderen zu entschuldigen. Aber wenn ich es trotzdem schaffe, können wir wieder neu anfangen und fröhlich weiterspielen.
- Fehler zu machen ist keine Schande. Wir lernen daraus, was uns noch „fehlt".
- Es ist oft hilfreich, seinen Standpunkt, seine Sichtweise zu überdenken und gegebenenfalls zu ändern. Das kann ich konkret erfahren, indem ich z. B. auf einen Stuhl steige. Von hier aus sehen die Dinge ganz anders aus.
- Das Gefühl erleben, sein Ziel erreicht zu haben.
- Egoismus macht einsam. Teilen schafft eine lebendige und herzliche Gemeinschaft.
- Ein Vorbild haben.

4. Zachäus

Religiöse Aussage
- Jesus hat Zachäus allein durch sein Vorbild gezeigt, wie gut und heilsam man mit anderen Menschen umgehen kann.
- Gott gibt jedem Menschen immer wieder aufs Neue Chancen zum Neubeginn, sich zu ändern, sein Leben anders zu gestalten.
- Jesus steht hinter Zachäus. Es ist gut, gibt Sicherheit und hilft, einen Standpunkt zu beziehen, wenn man jemanden „hinter sich stehen" weiß.

Umsetzung

Gestalten der Mitte
- Jesuskerze aufstellen
- Stadttor aus Holzbausteinen aufbauen und die Zachäusfigur hinsetzen
- andere Figuren davor stellen
- Schatztruhe mit Schokotalern bereitstellen
- Jesusfigur zur Jesuskerze stellen
- einen „Baum" hinter das Tor stellen (z. B. kleine Flasche mit einem Ast)

Stilleübungen
- die Schatztruhe von Kind zu Kind geben
- eine Stehleiter in die Mitte stellen und – wer mag – hinaufsteigen, um seinen „Standpunkt" zu verändern: „Was siehst du von da oben?"

Erzählung
Jericho. Als Zöllner saß Zachäus am Stadttor und forderte Geld von allen Menschen, die in die Stadt wollten oder mussten. Sie mussten Eintritt zahlen, das nennt man Zoll. Zachäus verlangte aber immer mehr Geld als nötig.
Ich erzähle aus der Sicht des Zachäus:
„Oh, heute ist ja was los in der Stadt. So viele Händler kommen, da bekomme ich wieder eine Menge Geld, da geht es mir gut. Ich werde dann noch reicher und kann mir noch mehr schöne Dinge kaufen.
He, du da, komm her und zahle deinen Zoll. Was willst du in der Stadt verkaufen?"

„Ich bringe Getreide."
„So, so, dann zahle mir 100 Goldstücke."
„Aber Herr, das kann ich nicht, soviel Geld habe ich ja gar nicht dabei."
„Dann kannst du nicht herein. Scher dich davon!"
„Warum bist du so hart? Ich muss doch erst das Getreide verkaufen und dann kann ich dir bezahlen. Jetzt habe ich nur 20 Goldstücke dabei."
„Gut, so gib mir die 20 und wenn du wieder heimgehst, zahlst du den Rest. Aber wenn nicht, darfst du nicht mehr herein."
„Mir bleibt ja nichts weiter übrig. Du bist ein harter und ungerechter Mann."
„Wo käme ich denn hin, wenn ich auf alles Geheule und Gejammere hören wollte. Ich bin der Herr hier, und alle müssen das tun, was ich sage. –
Was ist denn da vorne los? Wer kommt denn dort? Ich frage mal die Leute. He, wo lauft ihr denn alle hin?"
„Jesus kommt in die Stadt. Zu ihm wollen wir."
„Wer ist denn dieser Jesus?"
„Das kann ich mir vorstellen, dass du den nicht kennst. Denn Jesus ist freundlich und hilfsbereit zu allen Menschen und heilt sogar kranke Menschen. Er hat ganz viele Freunde und die Menschen lieben ihn."
„Das klingt ja sonderbar", meint Zachäus.
Er ist freundlich und hilfsbereit?
Hat Freunde um sich. Ist nicht allein.
Jeder will ihn sehen und mit ihm sprechen,
Er kann Kranke gesund machen.
Das alles habe ich nicht.
Ich bin nicht freundlich und nicht hilfsbereit.
Ich habe keinen einzigen Freund.
Ich bin immer allein und niemand will mich sehen oder mit mir sprechen.
Aber ich bin reich und mächtig!

So, nun aber Schluss mit dem Nachdenken. Nun ist Mittagszeit und ich gehe heim, um zu essen. Aber dieser Jesus geht mir nicht aus dem Kopf.
Er ist freundlich und hilfsbereit?

4. Zachäus

Hat Freunde um sich. Ist nicht allein.
Jeder will ihn sehen und mit ihm sprechen,
Er kann Kranke gesund machen.
Das kann ich mir gar nicht vorstellen. Aber irgendetwas lässt mich dauernd an diesen Jesus denken. Vielleicht sollte ich ihn mir auch mal ansehen. Genau. Ich will wissen, ob er wirklich so ein toller Mann ist, dass alle Leute ihn sehen wollen.
Da vorne ist der Marktplatz, dort sind ganz viele Menschen, da könnte er sein. Aber die stehen alle so dicht gedrängt und ich bin ja nur ein kleiner Mann. Ich sehe gar nichts. He, lasst mich mal da durch! Ich will nach vorne. Mach mal Platz für mich!
Komisch, niemand achtet auf mich. Keiner hört mir zu oder lässt mich durch. Ich suche mir einen anderen Weg. Da, dort drüben steht ein Baum! Wenn ich da hinaufklettere, bin ich größer als alle andern und kann diesen Jesus bestimmt sehen.
Puh, ist das anstrengend! Ah, geschafft! Ja, von hier kann ich ihn sehen, wenn er diesen Weg geht und hier vorbeikommt. Mich sieht hier oben keiner, das ist gut. Jetzt werde ich warten bis er kommt.
Da, ich glaube, da vorne, das muss er sein. Er sieht ja ganz normal aus, nichts Besonderes, kein Gepäck, keine schöne Kleidung. Die Menschen um ihn herum müssen seine Freunde sein. Das sind ja wirklich ganz viele – und wie fröhlich die sind! Auch dieser Jesus schaut freundlich und winkt den andern zu. Jeder will ihm die Hand geben. Was soll denn das? Er hat ja nicht mal einen Ring oder ein kostbares Kleid an. Und der soll so etwas Besonderes sein? Ich weiß ja nicht.
Aber dass er so viele Freunde hat und ihn alle sehen und hören wollen, das wundert mich schon. Oh, jetzt kommt er direkt bei mir vorbei! Gleich ist er unter meinem Baum. Ich kann ihn schon ganz genau erkennen. Ja, er schaut freundlich. Jetzt bleibt er sogar hier stehen! Vielleicht kann ich hören, was er zu den andern sagt.
Oh, er schaut herauf zu mir. Ob er mich sieht? Bestimmt nicht.
„Zachäus, komm vom Baum herunter. Ich will zu dir nach Hause kommen und bei dir essen."

4. Zachäus

„Was? Meinst du mich? Du kennst mich, du weißt sogar meinen Namen?"
„Ja. Und jetzt komm schnell herunter, damit wir gemeinsam zu dir gehen können. Ich will dein Gast sein."

Er hat mich gesehen und will sogar mit zu mir kommen und bei mir essen. Das gibt es doch gar nicht! Das habe ich ja noch nie erlebt, dass jemand mit mir zusammen sein will und sogar mit mir essen. Aber ich freue mich riesig und klettere schnell vom Baum herunter. Dieser Jesus ist wirklich ein besonderer Mensch. Das spüre ich jetzt ganz deutlich."

„Jesus, ich bin ganz glücklich, dass du mein Gast sein willst. Komm nur schnell. Da vorne ist mein Haus. Ich wollte dich sehen und dich kennen lernen, weil du alles das hast, was ich nicht habe, nämlich Freunde und Menschen, die dich lieben. Und jetzt besuchst du ausgerechnet mich und bist in meinem Haus. Das kann ich kaum fassen und in meinem Herzen wird es ganz warm. Ich spüre, dass etwas von deiner Fröhlichkeit und Freude in mir ist. Mir geht es jetzt ganz gut! Ich bin, glaube ich, richtig glücklich. Ich würde auch gerne viele Freunde haben, und jetzt weiß ich auch, dass ich ganz viel falsch gemacht habe. Ich habe nur an mich gedacht und war hart und unbarmherzig zu den Menschen und habe ihnen zu viel Geld abgenommen.
Das sehe ich jetzt ein und es tut mir leid. Ich kann das alles nicht rückgängig machen, aber ich möchte allen Menschen, denen ich zu viel abgenommen habe das Doppelte zurückgeben. Ich will nun auch freundlich und hilfsbereit werden und bei dir bleiben. Ich gehe jetzt vor das Haus und sage das alles den Menschen dort draußen."

(kurze Pause)

„Bitte hört mir zu: Ich würde auch gerne viele Freunde haben und ich weiß jetzt auch, dass ich ganz viel falsch gemacht habe, dass ich nur an mich gedacht habe und hart und unbarmherzig zu euch war und zu viel Geld von euch genommen habe. Das sehe ich jetzt ein und es tut mir leid. Ich kann das alles nicht rückgän-

4. Zachäus

gig machen, aber ich möchte allen Menschen, denen ich zu viel abgenommen habe, doppelt soviel zurück geben und alles, was ich habe, armen Menschen geben.
Ich will nun freundlich und hilfsbereit werden und mich so verhalten, wie Jesus es mir vorgemacht hat. Er hat mich verändert, und nun bin ich ganz glücklich. Ihr wundert euch sicher über mich, aber ich weiß, dass ich von Jesus ganz viel lernen kann und das möchte ich auch. Gott im Himmel wird mir dabei helfen."
(Die Doppelung dieser Textpassage ist bewusst eingesetzt!)

Gebet
Lieber Gott, es ist schön, dass du immer bei mir bist
und meinen Namen kennst.
Das tut mir gut.
Ich danke dir, dass du mir hilfst, wenn ich etwas falsch gemacht habe
und mir immer einen neuen Weg zeigst, um aus meinen Fehlern zu lernen.
Es ist oft schwer „Entschuldige" oder „Es tut mir leid" zu sagen.
Bitte hilf mir, dass ich lerne, mich bei Anderen zu entschuldigen,
damit wir wieder miteinander spielen können.
Amen

Liedvorschlag
„Wenn einer sagt: Ich mag dich, du"
(Das Kindergesangbuch 150)

Elternblatt
siehe oben (wie bei den bisherigen Geschichten)

Elterntisch
siehe Foto

5. Einzug in Jerusalem (Lukas 19,28–40)

Bezug zur Lebenssituation der Kinder
- Vertrauen zu erleben ist lebensnotwendig. Nur so können die Kinder wieder anderen Menschen Vertrauen entgegenbringen.
- Im Vater, der Mutter und anderen Erwachsenen ein Vorbild sehen und erleben, dass ich mich an ihnen orientieren kann.
- Alles, was Eltern (Erwachsene) Kindern erzählen, gilt für sie. Sie glauben ihnen alles, es ist „Gesetz". Spüren sie aber Unehrlichkeit, zerbricht etwas in ihnen. Diese Scherben sind nur schwer zu kitten.
- Kinder haben viele Wünsche, die sich sofort und nur so, wie sie es gern wollen erfüllen sollen. Auch die Menschen damals hatten ihre konkrete Vorstellung, was dieser Jesus für sie tun sollte.
- Lernen, dass mir nicht alle Wünsche sofort und bedingungslos erfüllt werden: Geduld üben, warten können.
- Freude über einen Besuch erleben: „Ich freue mich, wenn du zu mir kommst. Ich begrüße dich ganz herzlich."
- Neugierde ist der Motor für neues Wissen.
- Aron erlebt zunächst Zweifel und Wut: Warum ausgerechnet ihr Esel?
- Er lernt Jesus kennen und hat keine Angst vor ihm.
- Die Gebote und Grenzen der Eltern achten und respektieren.
- Sich an die Abmachung mit den Eltern halten, Vertrauen gegen Vertrauen setzen.

Religiöse Aussage
- Gott lässt sich zu nichts zwingen. Er hat seinen Plan mit Jesus und mit uns und weiß, was für die Menschen auf längere Frist besser ist. Auch wenn das für uns Menschen, auf den ersten Blick gesehen, nicht wünschenswert scheint.
- Jesus wusste, was auf ihn zukommt, aber er versicherte: Die Geschichte geht gut aus. Vertraut auf Gott. Er wird es recht machen.
- Das Volk erhoffte sich einen besonderen König, der sie aus der Armut und Knechtschaft herausführen wird. Doch Jesus wollte nicht mit den irdischen

5. Einzug in Jerusalem

Waffen kämpfen, sondern durch das lebendige Vorbild mit Liebe und Vertrauen und mit Gottes Beistand wirken.
- Jesus hatte auch Angst, das macht ihn uns sehr vertraut. Er versteht uns, wenn wir Angst haben, weil er weiß, wie das ist.
- Durchhaltevermögen aufbauen, Vorbildfunktion wahrnehmen, einen Auftrag ganz erfüllen und nicht, wenn es unangenehm wird, vor Erreichen des Ziels aufgeben. Jesus musste diesen Weg gehen. Er hat nicht „gekniffen".
- Jesus hat viele Freunde. Sie hätten ihn gerne als König, der etwas verändert.
- Aber es gibt auch Menschen, die diesen Jesus nicht mögen (z. B. Hohepriester und Schriftgelehrte).
- Als Jesus durch das Land zog und überall von Gott erzählte, wünschten sich die Menschen einen Herrn, einen „Bestimmer", einen König. Jesus war nach allem, was sie von ihm gehört hatten, dieser Mann, der sie verstand, der mit ihnen reden konnte, der manche sogar gesund machte, wenn sie krank waren, der ihnen zeigte, wie man gut und friedlich miteinander auskam, der sogar mit den Priestern und Schriftgelehrten fertig wurde und sie noch etwas lehren konnte, einer, der ganz viel von Gott wusste. So einen König wollten sie unbedingt haben.

Umsetzung

Gestalten der Mitte
- Stadttor aus Holzbausteinen aufbauen
- Puppenkleider, Stoffe
- ein Esel, auf dem die Jesusfigur reitet (Krippenfigur)
- Jesuskerze aufstellen
- Blumen
- viele andere Figuren (Puppenhaus)
- Buchsbaumzweige für jedes Kind in einem Körbchen

Stilleübung
Jedes Kind nimmt sich aus dem Körbchen einen kleinen Buchsbaumzweig und legt ihn vor sich auf den Boden.

5. Einzug in Jerusalem

Zum Abschluss (s.u.) nimmt jedes Kind seinen Zweig und winkt damit zum Lied „Jesus zieht in Jerusalem ein". Diesen Zweig nimmt es dann mit nach Hause.

Erzählung
Aron, ein 7-jähriger Junge, lebte mit seiner Familie weit draußen vor der Stadt Jerusalem. Sie waren arm und hatten nur wenige Tiere im Stall. Darunter war auch eine Eselin mit ihrem Füllen, das ist ein neugeborenes Eselein.
Aron hütete draußen auf dem Feld die fünf Schafe, denn das war seine Aufgabe. Viel lieber wäre er ja in die Schule gegangen, um dort das Lesen und Schreiben zu lernen, aber dafür hatten seine Eltern kein Geld. Also half er bei der schweren Arbeit mit.
„Oh, da vorne kommt ja eine ganze Menge von Leuten. Die wollen bestimmt auch nach Jerusalem zum großen Fest. Wir wollen da auch hingehen, aber natürlich muss zuerst die Arbeit verrichtet werden.
Das ist aber eine sonderbare Gruppe. Alle scharen sich um einen Mann, der ein weißes Gewand trägt. Das ist bestimmt ein Priester oder ein Pfarrer und er erzählt ihnen etwas. Sie hören ihm ganz aufmerksam zu. Wer das wohl sein mag? Die Gesichter der Leute sind teils nachdenklich, teils fröhlich. Komisch.
Nanu, da kommen doch einige gerade auf mich zu. Was die nur wollen?"
Einer fragt: „Du, Junge, wohnst du dort?"
„Ja, das ist der Bauernhof meiner Eltern."
Der Mann sagt: „Komm, zeig uns den Weg dorthin. Der Herr braucht eure Eselin, damit er nach Jerusalem hineinreiten kann."
„Was, unsere Eselin? Aber wir haben doch nur die eine!"
Der Mann: „Bitte, bringe uns zu deinem Vater."
„Ja, das tu ich schon, aber wer ist denn euer Herr?"
Der Mann antwortet: „Unser Herr ist Jesus. Ein ganz besonderer Mensch, von dem wir viel erwarten. Wir sind seine Freunde und wollen gemeinsam in Jerusalem das Passahfest feiern. Kennst du denn Jesus nicht?"
„Doch, mein Vater hat mir schon ganz viel von Jesus erzählt. Ich würde ihn ganz gerne auch mal kennen lernen. – So, hier ist unser Haus und dort kommt schon mein Vater."

5. Einzug in Jerusalem

Einer der Fremden sagt zu meinem Vater: „Der Herr schickt uns und wir sollen hier die Eselin mit ihrem Füllen holen."
Ich dachte nun, mein Vater wird seine Eselin bestimmt nicht hergeben. Aber – er selbst band sie los und gab sie den beiden Männern, ohne nachzufragen, ohne zu murren, ohne sich zu wehren! Was ist denn da nur los?
„Ja, hier gebe ich euch die Eselin für unseren Herrn. Ich freue mich. Gelobt sei unser Gott." Die Männer zogen nun mit unserem Esel und dem Füllen davon. Ich wollte unbedingt wissen, was die mit unserem Esel vorhaben. Ich sagte Vater, dass ich das wissen muss und er erlaubte mir, bis zum Stadttor von Jerusalem zu gehen. Dann sollte ich wieder zurückkommen. Toll, nun aber schnell, damit ich sie noch einhole.
Geschafft! Ja, Jesus geht da vorne und er erzählt den Menschen etwas und sie lauschen ihm. Ich möchte ihm auch zuhören. Sicher bemerken sie mich nicht.

(Der folgende Dialog kann von verschiedenen Personen gesprochen werden.)

Andreas: „Jesus, willst du denn wirklich nach Jerusalem? Dort gibt es doch die Hohenpriester und Schriftgelehrten, die dich nicht leiden können. Die halten dir doch vor, dass du am Sabbat die kranke Frau geheilt hast, mit dem ungerechten Zachäus sogar in dessen Haus gegessen hast und den blinden Bartimäus wieder sehend gemacht hast. Das alles passt ihnen nicht. Die werden dich genau beobachten und den kleinsten Fehler zum Anlass nehmen, dich zu bestrafen. Geh nicht hinein, lass uns vor den Toren der Stadt unser Fest feiern."
Was sagt Jesus jetzt?
Jesus: „Aber Andreas, ich weiß, dass du um mich Angst hast, aber das brauchst du nicht. Alles, was geschehen soll, darüber weiß Gott Bescheid und er wird mich überall hin begleiten und bei mir sein. Es wird für mich nicht einfach werden und ich habe Angst, denn ich werde viele schreckliche Dinge erleben müssen. Aber ich weiß, alles geht gut aus. Ich vertraue auf die Weisheit und die Liebe unseres Vaters im Himmel."
Dann spricht ein anderer Jünger, sie nennen ihn Petrus.

5. Einzug in Jerusalem

Petrus: „Stell dich doch nicht so an, Andreas. Endlich zeigt einer den Priestern und den Schriftgelehrten mal, wo es langgeht. Die haben doch keine Ahnung von dem, was Gott will und wie er seinen Willen verwirklicht. Ich finde es gut, dass Jesus es denen allen mal zeigt. Ich bin dabei und werde mitkämpfen, wenn es darauf ankommt."
Jetzt spricht Jesus wieder.
Jesus: „Petrus, Petrus, ich will keinen Kampf mit Waffen. Ich möchte den Menschen die gute Botschaft von Gott erzählen und ihnen zeigen, wie sie in Frieden und Freude miteinander leben können. Ich bin kein König, der Waffen braucht, oder schöne Kleider oder ein teures Pferd. Mir genügt auch ein einfacher Esel."

Ah, deshalb reitet er auf unserem Esel. Er möchte ein anderer König sein. Einer, der aussieht wie wir oder wie alle anderen Männer hier. Aber, ob das gut geht? Mir wird ganz schön bang. Mir schnürt es den Hals zu. Aber Jesus hat ganz fest versprochen, „die Geschichte geht gut aus". Das möchte ich einfach glauben. Oh, wir sind gleich am Stadttor. Da stehen ja viele Menschen. Auf wen die wohl warten? Vielleicht auf Jesus? Ja, jetzt rufen sie ganz laut: „Hosianna, gelobt sei der da kommt. Unser König kommt! Unser Retter!"

Und jetzt, was passiert denn da? Sie ziehen ihre Mäntel und Umhänge aus und legen sie auf die staubige Straße wie einen Teppich und Jesus soll da drüberreiten! Das gibt es doch gar nicht! Alle sind begeistert, sie rufen seinen Namen und loben Gott im Himmel. Endlich kommt ein mutiger Mann, der uns hilft und die Römer vertreibt, damit es uns besser geht. Die wissen alle, dass er der Gesandte ist und ein besonderer König wird, der sich um uns kümmert. Toll, und ich bin dabei! Sie schneiden sogar Zweige von den Palmen ab und winken ihm zu. Überall ist Freude. Niemand schaut böse oder zornig! Oder doch?
Die, die da hinter dem Haus vorspitzen, die schauen aber sehr böse, tuscheln miteinander und zeigen direkt auf Jesus. Was die wohl sagen? Das sind bestimmt keine Freunde von Jesus! Vielleicht gehören sie zu den Priestern oder zu den Römern, von denen Andreas vorhin erzählt hat und vor denen sich die Menschen fürchten?

5. Einzug in Jerusalem

Jesus, nimm dich in Acht vor diesen da! Aber Jesus hat doch gesagt, wir brauchen keine Angst zu haben, die Geschichte geht gut aus. Was er damit wohl meint?
Auf jeden Fall war das ein toller Empfang für Jesus. So viele Leute, die ihm zugejubelt haben, eben wie man einen König begrüßt! Jetzt wird alles anders, und die Römer werden niemanden mehr ärgern oder zu Unrecht bestrafen, so hoffen wir alle. Gottes Sohn ist hier und alles wird gut werden.
Jetzt gehe ich aber schnell wieder heim und erzähle alles meinen Eltern. Die werden staunen!

Schlussgedanken
Heute wissen wir, was Jesus mit dem Satz gemeint hat: „Es wird für mich ganz schlimm werden, aber die Geschichte geht gut aus."
Doch Aron und auch die Jünger damals wussten es noch nicht.
Wisst ihr, welche Geschichte da gemeint ist? (Antwort: Ostern, Auferstehung)

Liedvorschläge
„Halte zu mir guter Gott" (EGB 641)
„Jesus zieht in Jerusalem ein" (EGB 314)

Abschluss
Das Lied lernen und dabei mit den kleinen Zweigen winken. Diesen Zweig darf dann jedes Kind mit nach Hause nehmen.

Elternblatt
siehe oben (wie bei den bisherigen Geschichten)

Elterntisch
siehe Foto

6. Tempelreinigung (Lukas 19,45–48 oder Markus 11,15–19)

Bezug zur Lebenssituation der Kinder

Ich denke an einen Störenfried, der die andern Kinder immer ärgert, sie stört, immer laut ist. Die anderen Kinder haben große Sehnsucht nach Ruhe und Stille, können dieses Bedürfnis aber nur allzu selten ausdrücken. In so einer Situation kann die Geschichte zu einer Hilfe für den Alltag werden.

- Stille und Ruhe als Kraftquelle schätzen lernen.
- Rücksicht üben lernen, sensibel werden für die eigenen Bedürfnisse und die der anderen.
- Rituale geben Sicherheit.
- Chaos im Tempel: Aufräumen bedeutet, eine äußere oder innere Ordnung wiederherstellen. Äußere Ordnung bedingt innere Ordnung und umgekehrt.
- Wut und Ärger dürfen sein, aber es muss auch wieder „aufgeräumt" werden – für einen gemeinsamen Neuanfang.
- Egoistisches Denken und Handeln.
- Hass und Wut nehmen überhand, Gefühle werden deutlich: Jesus stellt eine „Gefahr" dar.
- Jemanden zum Sündenbock stempeln.
- Den Anderen nicht alles unüberlegt nachmachen.
- Zweifel melden sich, nachdenklich werden.

Religiöse Aussage

Dies ist eine sehr wichtige Geschichte, weil gerade hier den Kindern deutlich wird, dass Jesus nicht nur Freunde hatte, sondern auch Feinde. Die Kinder können nach dieser Geschichte besser verstehen, dass dieser sonst so gute Jesus nach Meinung seiner Gegner sterben musste.

- Jesus wird uns ganz ähnlich. Er zeigt Gefühle wie Wut und Ärger.
- Die Spannung zwischen Jesus und seinen Gegnern wird deutlich.

6. Tempelreinigung

Umsetzung

Gestalten der Mitte
- Jesusfigur und Ibrahimfigur aufstellen
- Tische aus dem Puppenhaus als Verkaufsstände
- viele Holztiere oder Schleichtiere z. B. Ziegen, Hühner, Schafe, Tauben, Hasen ... jeweils in kleinen Körben als Opferwaren
- Goldtaler aus Schokolade oder Kaubonbons
- Glasperlen oder -steine als „Tempeltaler"
- Teelichter
- einen „Tempel" aus Holzbausteinen errichten, dahinter die Jesuskerze bereitstellen

Stilleübungen
- an einer Muschel lauschen
- eine Glocke vorsichtig weitergeben, ohne dass sie läutet

Erzählung
Ich erzähle eine Mutmachgeschichte aus der Sicht des Händlers Ibrahim.
(Dazu brauche ich Holztiere und verschiedene Körbchen mit Glassteinen, Goldstücken und Teelichtern. Den Tempel baue ich aus Holzbausteinen.)

Ich verkaufe Schafe, Ziegen, Tauben und Hühner, die dann den Priestern als Opfertiere gebracht werden. Seit vielen Stunden bin ich schon unterwegs und verdiene heute bestimmt viel Geld, denn zurzeit sind viele Menschen in Jerusalem und wollen alle hier im Tempel opfern. Nur gut, dass ich hier einen Verkaufsstand habe, denn nirgends geht das Geschäft so gut wie hier im Tempel. Aber es ist furchtbar laut hier: Hühner gackern, Tauben gurren, Schafe blöken, Menschen rufen laut durcheinander!
(Wir ahmen nun diese Tiere nach, immer einige Kinder übernehmen die Stimmen bestimmter Tiere. Ziel: Lautstärke bewusst erleben.)

6. Tempelreinigung

Wie die Menschen bei solchem Lärm nur beten können? Aber das ist ja nicht mein Problem. Tolle Geschäftslage! „Hallo, was gibt es denn Neues?" frage ich meinen Nachbarn, einen Geldwechsler.
Dieser antwortet: „Dieser Jesus soll auch nach Jerusalem kommen, kennst du den? Dem laufen die Menschen ja in Scharen nach, er heilt sogar am Sabbat, wenn es verboten ist."
„Ob der auch hier in den Tempel kommt und bei mir einkauft?", überlege ich.
Plötzlich ruft ein anderer Händler: „Schaut, dort kommt er!"

Ich überlege: Sicher kauft er bei mir ein Opfertier. Ich muss jetzt lauter brüllen, damit er auf mich aufmerksam wird.
(Ibrahim preist seine Tiere an.)
Jesus kommt durch das Tor. Er sieht die vielen Händler und hört ihr Geschrei. Er sieht und hört die vielen Tiere.
(Die Kinder spielen den Lärm nach. Jetzt die Jesuskerze anzünden, während alles durcheinander schreit und brüllt.)

Plötzlich läuft Jesus auf die vielen Händler zu und schreit wütend: „Gott hat gesagt, mein Tempel soll ein Ort sein, an dem die Menschen beten und in Stille mit Gott reden können. Was habt ihr aber daraus gemacht? Ein Kaufhaus, einen Einkaufsmarkt!"
Und er stößt wütend die Tische und Stände der Händler um, dass alles Geld davonrollt, die Schafe, Ziegen und anderen Tiere davonlaufen und die Tauben davonfliegen.
(Die aufgestellten Waren, Körbe, Geld … umwerfen!)

Die Händler und einige der umstehenden Priester sind empört: „He, dieser Jesus verdirbt uns das Geschäft. Was heißt hier Bethaus, das Geld und die Einnahmen sind wichtiger! Wenn niemand mehr Geld wechselt und keiner mehr Opfertiere kauft – wozu sind wir dann noch da? Dieser Jesus stört uns, der muss weg. Aber wie? Wir müssen uns was einfallen lassen!"

6. Tempelreinigung

Alle waren stinksauer auf Jesus. „Wie sich der aufspielt! Er soll doch die Römer vertreiben und nicht uns! Nein, den wollen wir nicht. Der ist ja gegen unseren Reichtum, gegen unser Geschäft. Wovon sollen wir leben, wenn wir hier nichts mehr verkaufen dürfen?"

Für diesen Tag war das Geschäft verdorben. Viele wütende, aber auch einige nachdenkliche Menschen verließen den Tempel. Die Händler räumten ihre Sachen wieder auf. Auch ich habe meine Tiere eingefangen. Mir war ganz sonderbar zu Mute. Die Worte dieses Jesus kann ich nicht vergessen, trotz des Ärgers. Eigentlich hat er Recht. Dies ist ein Bethaus und kein Kaufhaus. Ich werde mir morgen einen anderen Platz suchen, um meine Tiere zu verkaufen.
Nach dem ganzen Trubel war es auf einmal ganz still im Tempel.

Schlussgedanken
- Jedes Kind nimmt sich nun ein Teelicht, entzündet es an der Jesuskerze und stellt es still in und um den „Tempel". Dazu erklingt leise Hintergrundmusik.
- Die Erzählerin lädt die Kinder ein, ruhig zu werden. „Versucht nun ganz still zu werden. Schließt vielleicht eure Augen und hört in euch hinein. Welche Gedanken entstehen da auf einmal? Was fällt euch ein? Genießt diese Stille!"
- Worüber konnten die Kinder nun nachdenken? Erzählen lassen.

Gebet
Gott, du hast Jesus zu uns Menschen geschickt,
damit er uns lehrt, wie wir friedlich und fröhlich zusammenleben können.
Es ist schön, wenn es einmal still ist.
Ich kann so besser nachdenken und mich besser konzentrieren.
Ich glaube, das wollte uns Jesus mit dieser Geschichte auch lehren, dass viel Geld haben und verdienen nicht alles ist im Leben. Dafür sagen wir Danke und Amen.

Liedvorschlag
„Sende dein Licht und deine Wahrheit" (EGB 172)

Abschluss
Die „Unordnung" wird behoben, indem einige Kinder die verstreuten Dinge wieder zurück in die kleinen Körbchen legen. Danach genießen wir noch einmal die Stille.

Elterntisch
siehe Foto

7. Abendmahl (Lukas 22,7–23)

Bezug zur Lebenssituation der Kinder
- Gemeinsam ein Fest feiern.
- Gemeinsam essen und trinken verbindet.
- Dankbar sein für schöne Erlebnisse.
- Zusammengehören, dazugehören, Freunde haben.
- Unangenehmes aushalten lernen.
- Verantwortung übernehmen.
- Schmerz und Trauer erdulden.
- Selbstbewusstsein gegenüber anderen entwickeln.
- Einen Auftrag erhalten.

Religiöse Aussage
- Vertrauen auf die Güte und Liebe Gottes.
- Jesus verlässt uns nicht, auch nicht im Sterben und im Tod.
- Gemeinschaft verbindet.
- Zeichen helfen uns zu erinnern (Brot: für die Worte, Geschichten und das Lebenswerk Jesu, Wein: für das Leiden, den Schmerz, die Tränen und die Freude beim Zusammensein).

7. Abendmahl

Umsetzung

Gestalten der Mitte *(siehe Foto)*
- ein weißes Tischtuch auflegen
- Jesuskerze aufstellen
- Jesusfigur dazustellen
- zwölf Glasschälchen mit je einem Teelicht in die Mitte stellen
- Namensschilder mit den Namen der zwölf Jünger aufstellen
- Weinkelch und eine Weintraube (künstlich oder echt) dazulegen
- ein kleines Brötchen oder eine Scheibe Graubrot auf einen Silberteller legen
- Gläser für alle Kinder und eine Kanne weißen Traubensaft bereitstellen
- Für jedes Kind ein abgepacktes Vollkornbrot oder Brötchen, versehen mit einer Banderole mit der Aufschrift „Gott sorgt für dich". Das darf sich beim Nachhausegehen jeder mitnehmen.

Stilleübung
Jedes Kind legt eine Seidenblüte auf die Tischdecke.

Erzählung
Jedes Jahr wurde in Jerusalem ein großes Fest gefeiert und es kamen viele Gäste von überall her. Dieses Fest hieß Passah und wurde zur Erinnerung an Gottes Güte den Menschen gegenüber gehalten. Man erinnerte sich, wie Gott die Menschen aus der Gefangenschaft in Ägypten befreite und in die neue Heimat führte. Wir feiern auch Erinnerungsfeste, z. B. Geburtstag, als unser Leben begann.

Jesus feierte mit seinen Freunden, den zwölf Jüngern auch dieses Passahfest. Sie unterhielten sich über all die Erlebnisse, die sie zusammen gehabt hatten und die sie miteinander verbanden.

7. Abendmahl

Simon sagte: „Wisst ihr noch, wie sich die kranke Frau gefreut hat, als Jesus ihr geholfen hatte, sich um sie gekümmert hat und sie dann wieder gesund wurde?"
Andreas sagte: „Und die glücklichen Kinder, vorab Tabea – und wir wollten sie nicht zu Jesus lassen!"
Johannes erinnerte an Zachäus und Bartimäus. „Das war toll. Die Menschen lebten wieder auf."
„Weißt du was, Jesus? Wir wollen dich feiern! Wir haben viele Gründe für ein neues Fest. Wir wollen uns immer daran erinnern, was wir alles von dir gelernt haben."
Darauf antwortete Jesus: „Es wird nun eine schwere Zeit für mich anbrechen und ihr müsst darauf gefasst sein, dass ich sterben werde. Aber denkt daran, am Ende geht alles gut aus."

Als Jesus das sagte, waren wir Jünger entsetzt. Wir erschraken und verstanden die Worte Jesu nicht. Heute wissen wir schon, was Jesus damit meinte und dass er recht hatte!

Damals brach Jesus das Brot, dankte Gott und gab es uns, den Jüngern weiter. Danach schenkte er den Wein aus, dankte Gott und gab ihn auch an uns Jünger weiter. „Immer, wenn ihr das tut, denkt an unsere gemeinsamen Erlebnisse. Erinnert euch an das, was Gott euch Gutes durch mich, seinen Sohn, getan hat."

Schlussgedanken

Auch heute noch feiern Menschen ein Fest zur Erinnerung an das letzte Essen Jesu mit seinen Jüngern. Wisst ihr wo? (Antwort: In der Kirche und es heißt Abendmahl.)

Schluss

Wir essen jetzt auch gemeinsam Brot und erinnern uns an all die Geschichten, die wir von Jesus wissen: Weihnachten, als er geboren wurde, Zachäus, Bartimäus, die Kindersegnung, der Sturm auf dem See, die Speisung der Viertausend ...
Dann trinken wir den Traubensaft (weiß!) und denken daran, dass auch Jesus Angst hatte und sehr tapfer war.
So wie die Weintrauben an der Rebe hängen, aus denen der Wein gewonnen wird, so hängen wir an Jesus.

Liedvorschlag
„Komm, sag es allen weiter" (EGB 225)

Elterntisch
siehe Fotos S. 73 und 74

8. Gefangennahme Jesu (Lukas 22,47–53)

Bezug zur Lebenssituation der Kinder
- Jedes Kind hat Ängste, Sorgen und versteht manchmal die Erwachsenen und die Welt nur schwer.
- Jesus hatte große Angst, darin wird er uns ganz nah. Er kennt unsere Ängste, er versteht sie auch.
- Dies ist eine „typische Geschichte", in der Kindern deutlich wird, dass Jesus auch Gegner, Feinde hatte.
- Üble Nachrede erleben, lügen und belogen werden.

8. Gefangennahme Jesu

- Nur an sich denken, mächtig sein wollen.
- Gefangen sein in Verstrickungen.
- Ausreißen, fliehen, sich um die Verantwortung drücken wollen.
- Keinen Ausweg mehr wissen.
- Sich dem Schicksal fügen.

Religiöse Aussage
- Jesus wird uns zum Vorbild. Er kann die Knoten der Angst und der Trauer wieder lösen. Er hilft uns, unsere Lebensfäden zu entwirren und zu entknoten.
- Er gibt uns Hoffnung: Alles wird gut! Auch diese schlimme Geschichte geht gut aus.
- Gott verlässt uns auch in der größten Not nicht. Er hilft uns weiter, damit wir später erkennen können, was wir aus den überstandenen Schwierigkeiten lernen sollten.
- Wir dürfen auch mit unserem Gott hadern und schimpfen, weil er unsere Ängste versteht.

Umsetzung

Gestalten der Mitte *(siehe Foto S. 76)*
- runder Teppich
- schwarzes, rundes Tuch (∅ 120 cm)
- drei dunkelbraune Tücher (40 × 30 cm)
- Jesusfigur
- Jesuskerze
- ein Seil
- ein großer Stein
- ein Körbchen mit weißen Glassteinen und einem Taschentuch
- zwölf Glasschälchen mit je einem Teelicht für die zwölf Jünger
- ein alter Puzzlerahmen wird mit einem Stück Maschendraht bespannt
- ein Körbchen mit bunten Wollfäden
- ein grünes Tuch (Garten)

8. Gefangennahme Jesu

- viele bunte Seidenblüten
- ein Engel aus Porzellan, Holz ...
- für jedes Kind eine schwarze Papiertasche basteln, in der eine Osterkerze steckt

Stilleübung
Jedes Kind legt eine Seidenblüte auf das grüne Tuch.

Erzählung
Jesus hatte vor einiger Zeit im Tempel die Händler vertrieben mit der Begründung: „Gott hat gesagt, mein Tempel soll ein Ort sein, an dem die Menschen beten und in Stille mit Gott reden können. Was habt ihr aber daraus gemacht? Ein Kaufhaus, einen Einkaufsmarkt!"
Viele Händler und Geldwechsler, aber auch die Priester waren „stinksauer" auf Jesus! Für diesen Tag war das Geschäft verdorben. Viele wütende, aber auch viele nachdenkliche Menschen verließen an diesem Tag den Tempel.
Diese Geschichte hat sich natürlich in Windeseile herumgesprochen und nun hatten seine Gegner endlich einen Grund, Jesus, diesen Revolutionär, dingfest zu machen und zu verhaften. Wenn man nur wüsste wie?

Nach dem Passahfest ging Jesus in den Garten Getsemani, um in Ruhe zu beten. Ich, Andreas, war einer der Jünger, die mit ihm gingen, und ich hörte, wie Jesus laut flehte und auch weinte. Er wusste, dass er viele Feinde hatte, die ihm Böses antun wollten und hatte deshalb große Angst und bat Gott, ihm doch zu helfen und ihn zu verschonen. Die Angst lag wie ein „schwerer Stein" auf seiner Seele.

8. Gefangennahme Jesu

Ich hatte auch furchtbare Angst um Jesus, aber auch um mein Leben, denn wir waren ja seine guten Freunde.
Nach einiger Zeit wurde Jesus ruhiger. Bestimmt schickte Gott Jesus einen „Kraftgebe-Engel" an seine Seite. Als dann plötzlich die Soldaten kamen, um ihn zu verhaften und einzusperren, war er so stark, wie ich wahrscheinlich nie sein werde. Er ging erhobenen Hauptes, gefesselt mit einem „dicken Seil" – wie ein Verbrecher – mit den Soldaten mit.

Wir alle sind davon gelaufen! Jesus aber hatte nun wohl keine Angst mehr. Er wusste: Gott war bei ihm und das hat ihm geholfen.
Noch in dieser Nacht wurde Jesus vor den obersten Richter geführt und verurteilt. Wir waren fassungslos. Was hatte er denn Schlimmes getan? Und da fielen uns wieder Jesu Worte ein: „Es wird schlimm werden, aber die Geschichte geht gut aus."

Die Jünger konnten damals diese Worte noch nicht verstehen. Wir wissen heute, was Jesus damit gemeint hat: Der Tod ist nicht das Letzte. Gott ist bei uns.

Lied
„Meine Hoffnung und meine Freude"
(EGB 697)

Schluss
Jedes Kind legt einen weißen Glasstein hin und bindet einen Wollfaden in das Gitter.

Elterntisch
siehe Foto

9. Jesu Tod und Auferstehung

Diese beiden Geschichten sollten zusammen erzählt werden, damit die Kinder nicht mit der Trauer allein gelassen werden. Die Ostergeschichte ist notwendig als ausgleichendes und entlastendes Element.

Jesu Tod (Lukas 23,26–49)

Bezug zur Lebenssituation der Kinder
- Angst haben, Tränen weinen, Gefühle zulassen
- Den Tod nicht ausklammern.
- Hoffnungslos sein, keinen Ausweg mehr sehen.
- Schmerzen ertragen lernen.
- Zurückschauen, dankbar und zufrieden sein.
- Ich muss meinen Weg – wie immer er auch sein mag – selbst gehen.

Religiöse Aussage
- Gott verlässt uns nicht.
- Wir können hoffen. Es geht weiter nach dem Tod. Wir haben ein Ziel.
- Tod als Bestandteil des Lebens annehmen.
- Auch im Sterben sind wir nicht allein. Gott ist bei uns. Wenn es dann vorüber ist, beginnt ein neues, freieres Leben – näher bei Gott.

Umsetzung

Gestalten der Mitte *(siehe Fotos S. 79 und 80)*
- runder Teppich
- mit einer gelben, runden Tischdecke und gelben, orangefarbenen, roten, lilafarbenen Tüchern eine Sonne legen. Bunte Seidenblumen oder echte Blüten darauf verteilen. Schild mit der Aufschrift „Ostern ist Auferstehung", darauf dann:
- schwarzes, rundes Tuch (⌀ 120 cm)

9. Jesu Tod und Auferstehung

- vier dunkelbraune Tücher (40 × 30 cm)
- ein Holzbalken und ein Seil
- ein Körbchen mit roten Holzherzen
- ein Körbchen mit weißen Glassteinen und einem Taschentuch
- ein Holzkreuz in der Mitte
- ein großer Stein mit einem weißen Tuch (Engel)
- Jesuskerze
- ein Körbchen mit einem dunklen oder schwarzen Stein

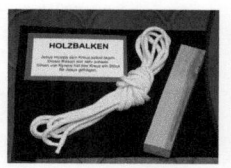

Stilleübung
Die Jesuskerze wird von Kind zu Kind weitergegeben.

Erzählung
(Die Geschichte kurz erzählen!)
Nachdem Jesus zum Tode verurteilt war, musste er sein Kreuz selbst auf den nahen Berg Golgota tragen. Es war sehr schwer. Niemand konnte ihm helfen. Jesus hatte auch Angst. Aber er wusste Gott bei sich und das half ihm. Das gab ihm Vertrauen, als man ihn ans Kreuz schlug.
Dann ist Jesus gestorben. *(Die Jesuskerze ausblasen.)*

Die Jünger waren traurig, erschüttert und ratlos: „Wie soll es denn nun weitergehen? – Aber Jesus hat doch gesagt: Es wird alles gut ausgehen! Wie hat er das wohl gemeint?"
Sie legten Jesu Leib in ein Felsengrab und rollten einen großen Stein davor.
Soldaten bewachten das Grab.
(Den schwarzen Stein dreimal durch den Kreis geben = Jesus war drei Tage tot.
Dann wird das schwarze Tuch an einer Stelle etwas zurückgeschlagen und die Ostersonne „blitzt" schon durch. Das sichtbare Zeichen: Der Tod ist nicht das Letzte. Es geht weiter!)

9. Jesu Tod und Auferstehung

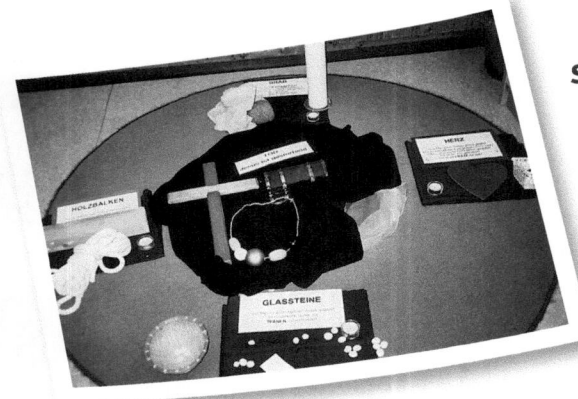

Schluss
Die einzelnen Stationen werden nochmals wiederholt (siehe Fotos S. 79 und Texte S. 143) und bei jeder Station legt ein Kind ein Herz und eine Träne auf das jeweilige braune Tuch.

Ostern ist Auferstehung (Lukas 24,1–12)

Jesu Tod und Auferstehung immer am gleichen Tag erzählen!

Bezug zur Lebenssituation der Kinder
- Manche Nachrichten erschrecken uns, obwohl sie eigentlich eine frohe Botschaft beinhalten.
- Freude und Dankbarkeit darüber empfinden, wenn eine schlimme Sache überstanden ist.
- Sich richtig ausgelassen freuen können.

Religiöse Aussage
- Alles, was Jesus seinen Jüngern sagte, stimmte.
- Der Mensch lebt bei Gott durch den Tod hindurch weiter.
- Hoffnung wird spürbar.
- Trauer wandelt sich in Freude.

Umsetzung

Gestalten der Mitte und Einstimmung *(siehe Fotos S. 81 und 82 oben)*
Das schwarze Tuch wird langsam zurückgerollt und die strahlende Ostersonne wird sichtbar. Eine Osterkerze wird angezündet.

9. Jesu Tod und Auferstehung

Erzählung

Die drei Frauen gehen zum Grab, in das man Jesus gelegt hat. Maria Magdalena sagt: „Wir wollen ihn nun richtig beerdigen. Und dann ist alles aus, alles vorbei, was er uns Gutes getan hat. Es ist ganz schlimm."
Sie kommen am Grab an: „Der Stein ist weg!"
Ein ganz helles Licht erschreckt sie furchtbar. Sie wollen davonlaufen, aber eine Stimme ruft sie und sie drehen sich langsam und ängstlich um.
„Ihr sucht Jesus bei den Toten? Da seid ihr falsch. Jesus ist bei den Lebenden. Sagt es den anderen Jüngern! Jesus wird bei euch sein. Ihr werdet erfahren und spüren, dass er wirklich lebt."
Danach sind die Frauen ganz allein. „Wie ist denn das gemeint, wie wird denn das sein?" fragt Maria. Sie sind ganz still, jede überlegt und denkt über diese Worte nach.
Plötzlich sagt Maria Magdalena: „Das wäre ja toll! Du, ich glaube, ich spüre schon etwas. Ich glaube, jetzt verstehe ich, was Jesus damit gemeint hat: ‚Es geht gut aus!' Der Tod ist nicht das Letzte. Da kommt noch etwas nach. Ich spüre es! Ich fühle gar keine Trauer mehr. Er lebt!"

Die Frauen erzählen es den anderen Jüngern: „Er lässt uns nicht im Stich. Alles ist wieder vor unseren Augen, was wir mit ihm erlebt haben! Wir spüren seine Kraft in uns, die uns neuen Mut gibt.
Toll! Es geht weiter! Gott wird weiter bei uns sein! Alles, was Jesus gesagt und getan hat, stimmt. Zwar ist jetzt alles ganz anders, aber er hat uns nicht wirklich verlassen. Die Erinnerung an ihn gibt uns neue Kraft. Trauer ist begrenzt und Freude wächst wieder. Das ist unsere Hoffnung."

9. Jesu Tod und Auferstehung

So wendet sich die Trauer zur Hoffnung und Freude:

Liedvorschläge
„Wir wollen alle fröhlich sein"
(EGB 100)
„Er ist erstanden, Halleluja!"
(EGB 116)
„Eine freudige Nachricht breitet sich aus!" (Auf und macht die Herzen weit. Liederheft für die Gemeinde)

Elterntisch
siehe Foto rechts

Elternarbeit
Alle zehn Geschichten werden in der Halle aufgebaut und bleiben bis nach Ostern stehen. *(siehe Foto unten)*
Nach Ostern feiern wir einen Ostergottesdienst und erst dann kommt auch der Osterhase!

Gestaltungsvorschlag
Zu diesen zehn Geschichten gestaltet jedes Vorschulkind sein eigenes „Jesusbuch", *siehe Praktische Umsetzung*, S. 117ff.

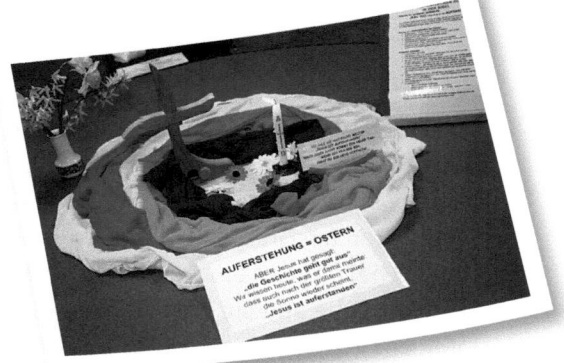
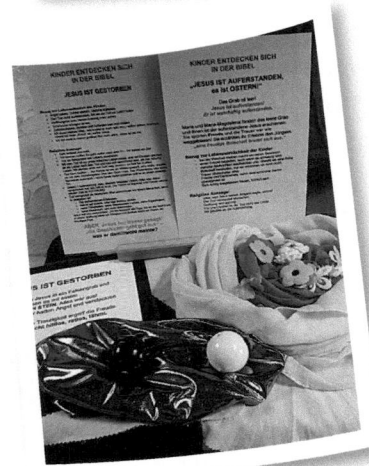

Tod und Auferstehung auf einem Tisch

10. Himmelfahrt (Apostelgeschichte 1,1–14)

Bezug zur Lebenssituation der Kinder
- Sich erinnern, die Vergangenheit zurückholen.
- Im Erzählen wird die Trauer kleiner.
- Dankbarkeit für gemeinsame Zeiten. Anderseits aber: Ausweglosigkeit, Angst, Ratlosigkeit erleben.
- Vertrauen aufbauen lernen.
- Bei einem Todesfall in der Familie kann dies eine Trost- und Hoffnungsgeschichte sein
- In Gemeinschaft geht vieles besser und einfacher. Ich werde mitgetragen, auch wenn ich nicht alles kann und weiß.
- Einen Auftrag bekommen und ihn dann auch erfüllen.
- Ein Versprechen geben.

Religiöse Aussage
- Glauben lernen.
- Nicht alles ist „fassbar" – und es existiert doch.
- Gottes Güte und Größe wird deutlich.
- Geduld aufbringen, zuversichtlich sein.
- Dazugehören, beteiligt sein, gesegnet sein.
- Jemandem Glauben schenken.

„Im Himmel sein" bedeutet: nicht mehr „da sein", aber trotzdem nicht verschwunden sein, sondern einen neuen „Ort" haben. Wir nennen ihn Himmel. Alles, was Kinder lieben, muss einen Platz haben (= äußere Ordnung). Ich kann mir einen Ort vorstellen, in Gedanken dorthin gehen, ich bin dort an meinem Ziel. Diese Vorstellung kann Kinder entlasten und über die Trauer hinweghelfen.

„Seele" bedeutet: unsichtbare Lebendigkeit, Leichtigkeit. Die „Lebendigkeit" hat den Körper verlassen und ist bei Gott im Himmel. Wir umschreiben die Lebendigkeit mit der Güte, Nähe, Vertrautheit eines Menschen oder eines Haustiers, mit

10. Himmelfahrt

der Wärme, die von einem Menschen ausgeht oder mit den Erinnerungen (sein Lachen, seine Art zu sprechen, seine besonderen Fähigkeiten ...), die uns mit dieser Person verbinden.

„Himmelfahrt" kann bedeuten: Jesus ist jetzt für uns unsichtbar. „Ich bin dort, wo Gott ist." Er ist noch näher bei Gott. Jesus ist wie ein Mensch gestorben und beerdigt, aber sein Körper blieb nicht im Grab. Jesus ist „irgendwie anders". Er sagte: „Ich gehe zu meinem Vater im Himmel. Ihr könnt mich so erleben, wie ihr Gott erlebt. Ich bin bei euch alle Tage. Ich habe Anteil an der Kraft Gottes und gebe sie euch weiter. Ihr könnt diese Kraft spüren durch den heiligen Geist." Gottes Kraft ist bei uns Menschen, wir müssen warten können, bis wir sie spüren.

Umsetzung

Gestalten der Mitte
- die Jesusfigur steht in der Mitte
- elf Teelichter für die Jünger aufstellen
- eine Jesuskerze steht in der Mitte
- mit einem großen Seil einen Kreis legen und die 11 Teelichter hineinstellen (eingeschlossen sein, sich verstecken)

Stilleübung
Ein Foto von einer verschlossenen Türe von den Kindern betrachten lassen und Assoziationen äußern lassen.

Erzählung
Was wisst ihr denn noch von der Zeit vor Ostern?
(Geschichten aufzählen lassen)

Ich bin jetzt Andreas, einer der Jünger Jesu und habe eine ganz wunderbare Geschichte zusammen mit den anderen Jüngern erlebt:

10. Himmelfahrt

Wir alle hatten Angst vor den Soldaten, die Jesus gefangen haben. Weil wir befürchteten, dass sie auch uns gefangen nehmen könnten, da wir doch auch zu diesem Jesus gehörten. Wir versteckten uns in einem Haus und verriegelten die Fenster und Türen.
„Wisst ihr noch, wie alles war, als Jesus noch unter uns lebte? Wir haben so viel von ihm gelernt und mit ihm erlebt. Schade, dass er nicht mehr bei uns ist."
Maria Magdalena sagte: „Aber wir haben ihn noch einmal gesehen und zuerst gar nicht erkannt. Es war ganz sonderbar und auch ganz wunderbar. Seitdem bin ich nicht mehr so traurig. Ich weiß, dass er lebt. Zwar nicht mehr so wie vorher, aber er ist bei uns, wenn wir an ihn denken und von ihm reden."
Die anderen Jünger hörten diese Geschichte zu gerne. Auch sie hätten Jesus gerne noch einmal gesehen. „Was sollen wir denn nur machen? Wir können doch nicht immer hier im Haus eingesperrt bleiben? Wäre doch Jesus nur bei uns und würde uns einen Rat geben!"

Alle dachten so. Und dann stand Jesus plötzlich im Zimmer, obwohl dessen Türen verschlossen waren und auch die Fenster. Wir Jünger erschraken zutiefst.
Jesus sagte: „Was seid ihr so erschrocken? Ich bin es wirklich! Seht mich an, ich bin's und ihr könnt mich ruhig berühren! Ich bin kein Geist, denn ich habe Fleisch und Knochen."
Freude breitete sich bei uns Jüngern aus. Wir umarmten ihn und aßen gemeinsam. Alle Angst war plötzlich verschwunden. Wir spürten wieder die Kraft, die von Jesus ausging.
Jesus sagte: „Nun wisst ihr, dass alles, was ich gesagt habe, wirklich stimmt und ihr seid dafür Zeugen. Ich gehe nun zu meinem Vater im Himmel und ihr bleibt hier in dieser Stadt bis ihr mit der Kraft aus dem Himmel ausgerüstet werdet. Ich bleibe bei euch alle Tage! Und auch wenn ihr mich nicht mehr seht, sollt ihr wissen, dass ich bei euch bin."

Jesus ging mit uns Jüngern dann hinaus vor die Stadt. Dort ging er zu jedem von uns, auch zu mir, und segnete mich und alle andern. Danach hob er seine Hände auf und schwebte in den Himmel.

10. Himmelfahrt

Wir Jünger fielen nieder und beteten zu Gott. In unseren Herzen war riesige Freude. Wir wussten: Jesus lebt! Er ist jetzt bei Gott im Himmel und wir haben alles selbst miterlebt. Jesus wird auch weiterhin auf uns aufpassen und uns beistehen, wenn wir Angst oder Sorgen haben.

Gebet
Wo ich gehe oder stehe,
bist du, lieber Gott, bei mir,
wenn ich dich auch niemals sehe,
weiß ich dennoch: Du bist hier. Amen

Liedvorschlag
„Halte zu mir guter Gott" (EGB 641)

Elterntisch
siehe Foto

Die Geschichte von Sarah

Aktueller Anlass
Der Vater stirbt überraschend. Welche biblische Geschichte kommt in Frage? Wir entscheiden uns für Christi Himmelfahrt (Dies ist auch der nächste Feiertag.).

Bezug der Geschichte zur Situation des Kindes
- Glaube, dass Jesus bei uns ist, auch wenn wir ihn nicht sehen.
- Jesus sichert uns seine Freundschaft, seine Hilfe und seinen Beistand zu. Das hilft über Verlustängste hinweg.
- Mit dieser Mutmachgeschichte eine gangbare Möglichkeit schaffen, dass das Kind mit einer so traurigen Begebenheit fertig werden kann.

10. Himmelfahrt

Pädagogische Aussage
- Helfen, Ängste abzubauen: Auch wenn dein Vater tot ist, muss er für dich (in deinem Herzen) nicht tot sein.
- Den Verstorbenen einem Ort zuordnen schafft Sicherheit: Papa geht es dort gut. Er passt auf dich auf.
- Gefühle ansprechen und ausleben können.
- Vertrauen wieder aufbauen helfen.

Religiöse Aussage
- Du bist traurig und auch deine Familie. Aber ihr seid alle in Gottes Hand. Gott ist bei euch, er will euer Freund sein. Dessen kannst du gewiss sein, auch wenn du ihn nicht siehst.
- Einen Ort haben, wo ich mit meinen Gedanken hin kann. Das kann der Ort „Himmel" sein. Wie er für jeden aussieht, ist unterschiedlich.

Umsetzung

Gestalten der Mitte
- mehrere große Steine
- elf Glasschälchen mit je einem Teelicht für die elf Jünger
- aus Watte und weißem Stoff eine „Wolke" legen, auf der die Jesusfigur steht
- Jesuskerze
- Papierwolken mit Watte beklebt mit kopiertem Text versehen: „Ich bin bei euch alle Tage, bis an der Welt Ende". Jedes Kind darf eine Wolke mit nach Hause nehmen.

Stilleübung
Jedes Kind nimmt eine Wolke aus einem Körbchen und legt sie um die Jesuskerze auf das weiße Tuch.

10. Himmelfahrt

Erzählung
Sarah war ein kleines, fröhliches Mädchen und lebte zusammen mit ihrer Mutter, ihrem Vater und ihrem Bruder in einem kleinen Dorf. Sie waren eine glückliche Familie.
Doch eines Tages starb ganz plötzlich der Vater. Alle waren sehr traurig, denn er fehlte ihnen so sehr.
Sarah fühlte sich abends oft schrecklich allein und weinte sich in den Schlaf. Eines Abends kam die Mutter an ihr Bett, um Sarah zu trösten.
„Wo ist mein Papa jetzt?", wollte Sarah wissen.
„Er ist ganz nah bei Gott", sagte ihre Mutter.
„Bei Gott im Himmel?", vergewisserte sich Sarah.
„Ja, genau!", antwortete die Mutter und nahm ihr Mädchen ganz fest in die Arme. Sarah dachte noch lange darüber nach. „Bei Gott im Himmel – wo ist das? Das ist bestimmt der Berg nahe bei unserem Dorf. Das ist der höchste Berg, den ich kenne. Da möchte ich morgen hin, ich möchte Papa ja so gerne einmal besuchen."

Am nächsten Tag wanderte Sarah den Weg entlang bis ganz hinauf auf den Berg. Am Gipfel angekommen, schaute sie sich um und war sehr enttäuscht, dass sie ihren Papa nirgendwo sehen konnte. Traurig setzte sie sich auf einen Baumstumpf, um etwas auszuruhen.
Da bemerkte Sarah eine Gruppe von Männern ganz in ihrer Nähe auf dem Boden sitzen. Auch sie machten einen traurigen und verlassenen Eindruck. Sie hatten ihre Köpfe gesenkt, manche weinten sogar und einer sagte: „Ach, es ist so traurig, dass Jesus nicht mehr bei uns ist, ich hätte ihn so gerne noch einmal gesehen. Er fehlt mir. Wir brauchen seinen Rat, seine Hilfe, seinen Beistand, um mutig weiterzuleben." Alle dachten dasselbe.
Plötzlich stand Jesus bei ihnen und sprach: „Was seid ihr so traurig? Ich bin es wirklich." Freude breitete sich bei den Jüngern aus und sie umarmten ihn. Dann sagte er: „Ich gehe nun zu meinem Vater in der Himmel, aber ich bleibe bei euch, alle Tage. Auch wenn ihr mich nicht mehr seht, so sollt ihr wissen, ich bin trotzdem immer bei euch, bis an der Welt Ende." Er hob seine Hände, legte sie auf die Köpfe der Jünger und segnete sie alle. Dann kam eine große Nebelwolke,

nahm ihn auf und trug ihn in den Himmel. Die Jünger fielen nieder und beteten: „Wir wissen nun, Jesus ist immer bei uns. Er wird auf uns aufpassen und uns beistehen, wann immer wir Angst oder Sorgen haben. Wir sind nie allein, denn er ist unser Freund. Dafür danken wir dir, guter Gott. Amen."

Sarah fühlte sich getröstet. Sie hatte dies alles miterleben dürfen und spürte jetzt große Ruhe und Geborgenheit und Sicherheit in sich. „Bestimmt ist mein Papa jetzt auch bei Gott, unserem Vater im Himmel. Und auch wenn ich ihn nicht mehr sehe, wird er immer bei mir sein. Und ganz besonders, wenn ich an ihn denke und von ihm rede." Sie faltete ihre Hände und betete:
„Wo ich gehe, wo ich stehe, bist du, lieber Gott, bei mir, wenn ich dich auch niemals sehe, weiß ich dennoch, du bist hier. Mein Papa ist jetzt bei dir im Himmel und nun schaut ihr beide auf mich, auf Mama und meinen Bruder und passt auf uns auf. Das ist ganz gut."
Getröstet lief Sarah nach Hause zu ihrer Mutter und dem Bruder und erzählte ihnen alles.

Die Trauer verwandelte sich in Zuversicht und Hoffnung, das ist Glaube.

Liedvorschläge
„Du bist immer da!" (Detlev Jöcker, CD Danke, danke, für die Sonne, Menschenkinder Verlag)
„Meine Hoffnung, meine Stärke" (EGB 697)
„Wo ein Mensch Vertrauen schenkt" (EGB 648)

11. Pfingsten (Apostelgeschichte 2)

Pfingsten ist ein Fest, das nicht nur mir oft Schwierigkeiten bereitet hat. Mit dieser Auslegung habe ich nun endlich eine Möglichkeit gefunden, das Pfingstwunder selbst zu verstehen und damit auch den Verkündigungsaspekt bei Kindern umzusetzen.

11. Pfingsten

Bezug zur Lebenssituation der Kinder
- Freude haben und ein Fest feiern.
- Angst ist etwas, das zu jedem von uns gehört. Angst darf gelebt und benannt werden.
- Jeder Mensch kann an sich arbeiten. Eltern, andere Bezugspersonen und Anlagen bestimmen das Leben am Anfang. Je älter das Kind wird – aber unbedingt als Erwachsener –, um so mehr ist es selbst für sich und sein Handeln verantwortlich.
- Mutig sein, einen neuen Anfang wagen, über sich hinauswachsen, selbstbewusst werden.
- Zu einer Sache, einer Entscheidung stehen lernen, sie nach außen hin vertreten lernen.
- Warten können, bis der richtige Zeitpunkt gekommen ist.
- Niemand versteht mich! Trauer spüren dürfen und das auch zulassen können.
- Sich und seine Meinung nach außen vertreten lernen.
- Über sich hinauswachsen, überzeugt reden und handeln lernen.
- Vor einer großen Menschenmenge frei sprechen können, bedarf Mut!
- Selbständig werden, seine Fähigkeiten schätzen lernen.

Religiöse Aussage
- Das Pfingstwunder ist eine Vertrauensgeschichte: Gott lässt die Menschen nicht allein. Er hält sein Wort.
- Die Pfingstgeschichte ist eine wunderbare Weiterführung des Wirkens Jesu: Es geht mit Jesus weiter. Er ist nicht tot, aber auch nicht mehr lebend wie andere Menschen. Er lebt in den Geschichten, Feiern und Liedern weiter, die sich Menschen erzählen.
- Gottes Geist setzt in jedem Menschen Fähigkeiten frei. Er hilft bei der menschlichen Weiterentwicklung.
- In Jesus wurde das Wort Gottes hörbar und sichtbar. Gottes Liebe und sein Geist helfen, Berge zu versetzen.
- Die Geschichte macht stark und zeigt ungeahnte Möglichkeiten auf.

11. Pfingsten

- Durch das Erzählen dieser Geschichten können auch wir anderen Menschen in ihrer momentanen Situation ein wenig helfen und sie teilhaben lassen am Erspüren des Geistes Gottes.
- Pfingsten (50 Tage nach Ostern) ist ein Gründungsfest derer, die zusammengehören, obwohl sie Jesus nicht persönlich kannten und ihn nicht erlebt haben. Es ist der Beginn von Kirche.
- Gott gibt uns ein Werkzeug, seinen Sohn Jesus, als Lebensbegleiter an die Hand. Wir lernen die Taufe kennen als ein sichtbares Zeichen der Zugehörigkeit zu Jesus.
- Um das „Bundesfest", ein großes jüdisches Fest, zu feiern kamen Juden aus aller Herren Länder und Stämmen mit unterschiedlichen Dialekten und Sprachen nach Jerusalem. Die Stadt war übervoll.
- Der Heilige Geist ist eine Begeisterungshitze, die in uns hineinfährt wie ein Sturm, der uns von innen heraus mitreißt. Dies ist die „Kraft", die Jesus bei seiner Himmelfahrt versprochen hat.
- Der Heilige Geist wirkt in uns allen, jeder hat andere Gaben, die er einsetzen kann, die Begeisterung wird spürbar.
- Hindernisse überwinden lernen: Gott lässt mich nicht allein. Er kennt mich und setzt auf mich.
- Selbstvertrauen stärken.
- Ich gehöre auch zu Jesus.
- Die Botschaft Jesu selbst weitersagen. „Gehet hin in alle Welt und lehret alle Völker …"

Umsetzung

Gestalten der Mitte *(siehe Foto S. 92)*
- runder Teppich in der Mitte (Ø 120 cm)
- Türe aus Holzbausteinen, auf der oben mit Tesafilm rote, gelbe und orangefarbene Papierstreifen als „Flammen der Begeisterung" befestigt sind
- elf Teelichter in Glasschälchen für die Jünger.

11. Pfingsten

- In einem Körbchen liegen noch mehr Teelichter bereit für die Menschen, die immer mehr werden und die Geschichten von Jesus hören wollen. Die Teelichter sollen auch Licht, Kraft, Wärme, Güte Jesu zum Ausdruck bringen. Im Verlauf der Erzählung kommen immer mehr brennende Teelichter zu den elf schon brennenden Lichtern dazu.
- Petrusfigur
- Jesuskerze steht in der Mitte
- eine Kirche und ein Geburtstagsring (= die Kirche feiert Geburtstag)
- viele „Flammen" aus Tonpapier
- viele grüne Zweige symbolisieren, dass sich die gute Nachricht ausbreitet. Die Natur breitet sich aus, wie sich auch Gottes Wort ausbreitet unter den Menschen. Das Geheimnis bricht auf. („Pfingstbuschen" aus grünen Zweigen binden und zum Pfingstfest mit nach Hause geben.)
- Blumen als ein Zeichen für Freude über die Zugehörigkeit zu Jesus

Stilleübungen
- Jedes Kind stellt ein Teelicht in die Nähe der „Türe". Die Lichter werden nach und nach während des Erzählens von einer Kollegin angezündet.
- Jedes Kind nimmt sich eine Blume oder einen blühenden Zweig und arrangiert ihn in einer Vase, die in der Mitte steht.
- Einen alten Schlüssel in den Geheimnisvollen Beutel geben. Jedes Kind soll fühlen, raten und überlegen, was dieser wohl mit dieser Geschichte zu tun hat.

11. Pfingsten

Erzählung

In Jerusalem wurde wieder ein großes Fest gefeiert – das Bundesfest. Aus allen Richtungen kamen die Menschen in die Stadt. In allen Familien wurde gefeiert. Es waren auch viele Fremde darunter. Man erinnerte sich des Bundes Gottes mit den Menschen.

Auch die Jünger kamen nach Jerusalem, denn auch sie waren Juden und überlegten, wo sie sich treffen sollten. Sie unterhielten sich über die Zeit mit Jesus. „Es war eine schöne und gute Zeit, aber wie können wir selbst das spüren und es anderen vermitteln?"

Sie erzählten von „früher" und meinten: „Niemand versteht uns. Keiner der anderen weiß, wie uns zu Mute ist, was Jesus für uns war. Aber wir untereinander wissen es und das schmiedet uns zusammen."

Sie waren nicht so fröhlich wie die anderen Menschen um sie herum, sie schlossen ihre Türen zu und wollten unter sich bleiben. Was sie zusammenhielt, war nicht mehr der „Bund", sondern „Jesus".

Petrus begann zu erzählen: „Wisst ihr noch, was wir alles mit Jesus erlebt haben? „Ja, ich weiß es noch ganz genau", sagte Bartimäus. „Jesus hat mich wieder sehend gemacht. Schade, dass er nicht da ist."

Nacheinander begannen alle anderen sich zu erinnern und es wurde ganz schön laut in dem Haus.

„Ja, es war toll mit Jesus, wie er im Tempel aufgeräumt hat!"

Fröhlich und laut sprudelten die Stimmen durcheinander. Jedem fiel eine andere Geschichte ein. Und Petrus erzählte am lautesten von allen. Er stellte sich vor seine Freunde und erzählte in den leuchtendsten Farben von all dem, was Jesus ihn gelehrt hatte.

Draußen blieben Menschen stehen und hörten fasziniert zu, was hinter dieser Türe gesprochen wurde. Andreas fragte: „Du, Petrus, seit wann kannst du denn so toll erzählen? Du bist doch nur ein einfacher Fischer!"

Nacheinander kamen andere Menschen dazu und lauschten den Erzählungen des Petrus. Einer fragte: „Da seid ihr jetzt bestimmt ganz traurig, dass Jesus gestorben ist?"

11. Pfingsten

Matthias antwortete: „Ja, am Anfang waren wir traurig, aber Jesus ist wieder auferstanden. Er ist bei uns, immer wenn wir an ihn denken und von ihm reden. Jesus lebt weiter in seinen Geschichten, und wir erzählen sie allen weiter, die sie hören wollen."

Petrus fragte die anderen Zuhörer: „Versteht ihr denn überhaupt, was ich da rede?"

„Ja, wir verstehen es und wir finden es toll."

Petrus erzählte begeistert weiter. Immer mehr kamen dazu, blieben stehen und lauschten seinen Beschreibungen. Die Traurigkeit im Raum verflog und die Begeisterung von Petrus sprang wie ein Funke auf seine Zuhörer über.

Die Türen öffneten sich, denn „die von draußen" drängten hinein und wollten mehr von diesem Jesus hören. Immer wieder fragte Petrus die Menschen: „Ja, versteht ihr mich denn überhaupt?"

„Ja, und wir finden es toll, was und wie du von Jesus erzählst, wir wollen mehr wissen." Die anderen Jünger fragen Petrus: „Wie kommt es, dass du auf einmal so klar und deutlich und für alle verständlich sprechen kannst. Du sprichst ja fast schon wie Jesus!"

Petrus antwortete: „Ja, irgendetwas ist in mich gefahren und ich spüre, Jesus ist da! Seine Kraft ist in mir!"

Die neuen Zuhörer spürten diese „Begeisterungshitze" und wollten mehr von Jesus hören, gerade, weil sie ihn nicht persönlich kannten. Viele ließen sich auch taufen. Als sie dann wieder Jerusalem verlassen hatten und in ihren Städten und Dörfern waren, erzählten sie dort die gehörten Geschichten von Jesus. Es wurden immer mehr Menschen, die darauf vertrauten: Gott liebt uns alle und er hilft uns, wenn wir nicht mehr wei-

11. Pfingsten

ter wissen und behütet uns. Das haben uns Jesus und Petrus von Gott erzählt. Und immer mehr Menschen in immer mehr Ländern glaubten daran. So entstand Kirche.

Liedvorschläge
„Am hellen Tag kam Jesus Christ" (EGB 566)
„Eine freudige Nachricht breitet sich aus!" (Auf und macht die Herzen weit. Liederheft für die Gemeinde)
„Halte zu mir guter Gott" (EGB 641)
„Wo zwei oder drei" (EGB 568)
„Ausgang und Eingang" (Das Kindergesangbuch 184)
„Ins Wasser fällt ein Stein" (EGB 645)

Reflexion
Durch mein Erzählen möchte ich Multiplikator werden und wünsche mir, dass dieser Funke überspringt, dass Kolleginnen und Kollegen die Scheu verlieren und ebenfalls Zugänge zum Erzählen von biblischen Geschichten bekommen. Die Pfingstbotschaft ist die Verkündigungsgeschichte schlechthin gerade für Mitarbeiterinnen und Mitarbeiter in Kindertagesstätten, beim Religionsunterricht, in Schulen und im Konfirmandenunterricht. Auch und gerade dort soll die Botschaft Jesu Kreise ziehen, Türen öffnen und weitergesagt werden.

Elterntisch
siehe Foto

12. Vom Sämann (Lukas 8,4–15)

Aktueller Anlass

Die Geschichte ist für Georg bestimmt. Seine Eltern hatten sich getrennt, die Mutter lehnte den kleinen Jungen – damals vier Jahre – ab und verließ die Familie. Der Junge lebte beim Vater. Dieser kümmerte sich liebevoll und rührend um seinen Sohn. Georg wollte seine Mutter auch an den Besuchstagen nicht sehen. Wenn sie ins gemeinsame Haus kam, versteckte er sich in seinem Zimmer. Seine besten Freunde waren Papa und Christian, ein Junge aus unserer Gruppe.

Bezug zur Lebenssituation der Kinder
- Die Eltern lassen sich scheiden, leben getrennt und die Kinder werden „zugeteilt".
- Bei einem Trauerfall in der Familie: Es bleibt ein „guter Rest", nämlich z. B. der andere Eltern- oder Großelternteil.
- Diese Ermutigungsgeschichte ist besonders gut geeignet: zum Erntedankfest, wenn ein neues Kind in die Gruppe kommt oder als Einstieg für einen Elternabend.
- Für Kinder mit wenig Selbstbewusstsein: Wo sind die individuellen Stärken? Wo braucht das Kind Zuversicht, Sicherheit, Stärkung?
- Gerade, wenn ein Kind den hohen Maßstäben der Eltern nicht gerecht wird (noch Windeln braucht, eine Entwicklungsverzögerung aufweist oder behindert ist).
- Das Bild des Sämanns vermittelt Stabilität, Sicherheit, Zuversicht. Warten lohnt sich!
- Etwas noch nicht so gut können, sich unsicher fühlen.
- Nicht gleich die Flinte ins Korn werfen, Geduld aufbringen.
- Ich darf etwas „falsch" machen. Fehler machen bedeutet: Es fehlt noch etwas, ich muss noch üben. „Übung macht den Meister."
- Positiv die Dinge sehen lernen: „Das Glas ist halb voll" und nicht „Das Glas ist halb leer". Weniger kann oft mehr sein.

12. Vom Sämann

- Sich nicht von anderen beeinflussen lassen.
- Zuversicht und Hoffnung sind hilfreiche Begleiter.
- Sein Ziel verfolgen, beharrlich sein.

Religiöse Aussage
- Gott sorgt für uns. Seine Liebe und sein Schutz reichen ein Leben lang.
- Jesus will deutlich machen, dass es sich lohnt, Geduld zu haben, weiterzumachen und nicht gleich aufzugeben, wenn manches nicht gleich so läuft, wie man es sich vorgestellt hat.
- Jesus will damit auch sagen: „Manches kannst du noch nicht, aber es lohnt sich zu üben und weiterzulernen. Und wer genug übt, schafft am Ende so viel, dass es „reicht" und Spielraum bleibt für Entwicklungen.
- Gott nimmt mich auch mit meinen „Fehlern" an und hilft mir daran zu lernen.
- Dankbar und zufrieden sein mit dem guten Rest.

Umsetzung

Gestalten der Mitte *(siehe Foto)*
- ein großes Stück Rupfen oder braunen Stoff auf den Teppich legen
- die Jesuskerze in die Mitte stellen
- kleines, braunes Tuch mit einer Sanduhr
- dürre Äste an eine Stelle legen
- daneben Steine aufschlichten
- einige Vögel aus Keramik hinsetzen
- die Jesusfigur ist der Sämann
- Hiob, der Zweifler ist die zweite Figur
- ein Körbchen mit Weizensamen
- ein Umhängetuch mit Samenkörnern

12. Vom Sämann

- eine Kanne, halb mit Wasser gefüllt und für alle Kinder Tassen
- einen halben Apfel, ein Messer und eine Schale mit Getreidekörnern bereitstellen

Stilleübungen
- Ein Schälchen mit Weizenkörnern geht von Kind zu Kind: spüren, riechen …
- Einer Sanduhr zuschauen, bis sie abgelaufen ist: warten, Geduld haben …

Liedvorschläge
„Halte zu mir guter Gott" (EGB 641)
„Wenn einer sagt: Ich mag dich, du" (Das Kindergesangbuch 150)

Erzählung
Ich möchte euch heute eine Geschichte erzählen, die Jesus damals ganz vielen Leuten erzählt hat, ganz viele hörten ihm zu.

Ein Bauer ging zu seinem Feld und streute Samenkörner auf sein Feld. Deshalb nennt man ihn einen Sämann.
Aber einiges fiel auf den Weg und gleich kamen die Vögel und fraßen die Körner auf.
Ein Pilger mit Namen Hiob beobachtete ihn dabei.
Hiob sagte: „Du streust ja die Körner auf den Weg und nicht auf das Feld! Schau doch, jetzt kommen die Vögel und picken sie gleich weg. Nichts bleibt übrig! Pass doch besser auf! Wenn du so weitermachst, reicht dir dein Saatgut nie!"
Darauf der Sämann: „Warte doch ab, sei nicht so ungeduldig! Hab etwas Geduld. Die Vögel brauchen doch auch etwas zu fressen und ich weiß, dass noch genug übrig bleibt. Hab keine Angst, es wird bestimmt reichen."

Der Sämann streute weiter und einiges fiel auf steinigen Boden.
Hiob: „Jetzt machst du es ja schon wieder falsch! Pass doch besser auf, du vergeudest ja alles! Weißt du denn nicht, dass auf steinigem Boden nichts wachsen kann? Deine Saat wird ja immer weniger, das reicht dir nie."

Sämann: „Warte doch ab, sei nicht so ungeduldig. Manches kann ich noch nicht so gut. Ich übe noch. Ich brauche noch etwas Zeit. Ich glaube, dass genug übrig bleibt. Hab keine Angst, der gute Rest wird bestimmt reichen."

Der Sämann streute weiter und einiges fiel unter Gestrüpp und konnte nicht aufgehen, weil keine Sonne und nur wenig Regen unter das Gestrüpp fiel.
Hiob: „Mensch, pass doch besser auf! Das Gestrüpp erstickt doch die Saat, weißt du denn das noch nicht? Du bist ja zu dumm zum Säen. Du kannst ja überhaupt nichts! Dieser mickrige Rest reicht dir nie!"
Sämann: „Warte doch ab, sei nicht so ungeduldig. Ja, ich kann es noch nicht so gut. Ich brauche noch etwas mehr Zeit zum Lernen. Ich glaube, dass noch genug übrig bleibt. Hab doch keine Angst, der gute Rest wird bestimmt reichen. Ich bin mit dem Rest zufrieden."
Der Sämann streute weiter und streute den „guten Rest" auf guten Boden. Er ging auf und manche Ähre trug 30, andere 60 und manche sogar 100 Körner.

Nach einigen Monaten trafen sich Hiob und der Sämann wieder am Feldrand. Die Saat ist aufgegangen und gereift.
Hiob: „Ich bin überrascht, dass aus diesem kleinen Rest an Samen so viel Getreide herauskam. Das hätte ich nicht für möglich gehalten."
Sämann: „Siehst du, ich hatte die Hoffnung und die Geduld, dass aus diesem guten Rest ganz viel Frucht kommt und dass es für ganz viele reichen wird. Meine Geduld und mein Warten haben sich gelohnt und es ist alles gut geworden. Ich bin mit dem guten Rest sehr zufrieden."

Schluss
Nach dieser Geschichte war es ganz still. In diese Stille hinein sagte Georg: „Mir reicht mein Papa auch. Er ist der gute Rest für mich." Das ist die „heilende" Wirkung durch eine biblische Geschichte.
Ja, es war seine Geschichte! Er erkannte, dass es ihm genauso geht und dass der „gute Rest" reicht. Der gute Rest ist für ihn sein Papa. Mehr braucht er nicht! Er

12. Vom Sämann

hat die Botschaft verstanden, obwohl nirgends sein Name fiel oder die Geschichte bei uns spielte.

Verschiedene Gebete zum Abschluss
„Guter Gott, manchmal kann ich nicht warten.
Alles geht mir zu langsam und ich werde ungedulcig.
Hilf mir, warten zu lernen, wie der Sämann es tat, und dass es toll sein kann, mit dem ‚guten Rest' zufrieden zu sein.
Danken möchte ich dir, dass du immer genau weißt, was und wie viel für mich gut ist. Amen."

„Guter Gott, manchmal mache ich viel falsch und bekomme Schimpfe.
Schenke den anderen Menschen die Geduld und die Zuversicht des Sämanns, dass ich all die Dinge, die ich noch nicht kann, noch lernen werde und dass es bestimmt für mich reichen wird. Amen."

„Guter Gott, ich möchte immer alles ganz richtig machen, aber es gelingt mir nicht immer, und ich mache sehr viel falsch. Andere Menschen nörgeln an mir herum, drängen mich. Amen."

„Guter Gott. Ich bin traurig, denn Oma ist gestorben. Opa ist nun allein und ich auch. Sie fehlt uns. Hilf uns, dass wir trotzdem wieder fröhlich werden. Ich bin froh, dass ich noch Opa habe. Danke, lieber Gott. Amen"

Abschluss
Eine halbvolle Kanne beschreiben lassen. Ziel: den Unterschied von „halb voll" und „halb leer" erkennen.
„Lasst uns den ‚guten Rest' Wasser und den ‚guten Rest' Apfel genießen. Es reicht für uns alle. Es ist genug davon da." Die Tassen austeilen und das Wasser so verteilen, dass jedes Kind etwas bekommt. Genauso den Apfel austeilen.

13. Abraham (Genesis / 1 Mose 12,1–9)

Die Geschichte von Rahel

Aktueller Anlass

Die Geschichte ist für Julia bestimmt. Julia erzählte mir, dass sie mit ihrer Familie in eine andere Stadt ziehen wird und dort auch in einen anderen Kindergarten gehen wird. Sie klang nicht froh. Sie erzählte es auch ihrer Freundin Elisa. Fast jeden Tag suchte sie das Gespräch über diese Veränderung und so entschloss ich mich, eine „heilende" Geschichte für dieses Kind und seine Situation zu verfassen. Ich entschied mich für die Geschichte Abrahams, da es dort auch um einen „Umzug" geht.

Bezug zur Lebenssituation der Kinder

Kinder werden bei einem Wohnortwechsel ihrer Familie meist vor vollendete Tatsachen gestellt. Gerade in solch angespannter Zeit fehlen Geduld, Zeit für Erklärungen und Einfühlungsvermögen seitens der Erwachsenen für ihr Kind. Viele Erwachsene machen sich um die Gefühle der ebenfalls vom Umzug betroffenen Kinder wenig Gedanken. Diese Geschichte kann hilfreich werden für eine solche Situation.

- Ein Kind zieht weg.
- Gewohntes, Bekanntes aufgeben müssen verunsichert und macht Angst.
- Ein neues Kind kommt in die Gruppe, Eingliederungshilfe.
- Als Inhalt eines Segnungsgottesdienstes am Ende des Kindergartenjahres, um die Kinder gestärkt in den neuen Lebensabschnitt (Schule) zu entlassen.
- Verantwortliches Handeln erleben.
- Als Kind ernst genommen werden.
- Erleichterung, wenn das Kind Bescheid weiß
- Mut machen.
- Antworten suchen, sich aufmachen und Hilfe suchen.
- Selbstbewusst und selbständig werden.

13. Abraham

- Gefühle zugeben.
- Gestärkt werden durch das Vorbild.

Religiöse Aussage
- Vertrauen erleben und ins eigene Leben übertragen lernen. Sich geborgen wissen in der Gnade Gottes.
- Die Stimme Gottes in sich hören lernen.
- Trost erfahren: Gott lässt mich nicht allein. Ich bin ihm wichtig. Er kennt meinen Weg und er geht ihn mit, auch in die andere Stadt.
- Abraham ist sich gewiss: Gott ist immer bei mir.

Stilleübungen
In eine Muschel hören oder Stille Post spielen.

Erzählung
Rahel ist sechs Jahre alt, sie ist die Tochter des Großknechtes von Abraham. Sie erlebt die Geschichte des Aufbruchs Abrahams und seines Volkes.

Rahel spielt mit ihren Tonfiguren vor dem Zelt ihrer Eltern. Sie hat erfahren, dass sie alle, die zur Familie des Abraham gehören, von hier wegziehen sollen und merkt, dass Mutter alles in Kisten verpackt und den Umzug vorbereitet.
„Aber hier ist es doch so schön, warum müssen wir von hier weg? Die Schafe haben genug zu grasen und es gibt überall Wasser. Woher weiß Abraham denn, wohin wir gehen sollen und wann wir los müssen? Ich muss ihn das einmal fragen. Vielleicht hat er ja jetzt Zeit für mich. – Ja, er sitzt vor seinem Zelt und schaut in den Himmel hinauf. Abraham, darf ich dich etwas fragen?"
„Ja, Rahel, was möchtest du denn wissen?"
„Woher weißt du, wohin wir ziehen müssen und wann wir los müssen?"
„Das ist eine gute Frage. Ich wüsste es gar nicht, wenn Gott es mir nicht sagen würde."
„Wie spricht er denn mir dir?"

„Das ist schwierig zu erklären, aber ich will es versuchen. In mir wächst eine Stimme. Ich höre sie in mir, und sie spricht: Fürchte dich nicht, ich zeige dir den Weg, ich bin bei dir."
„Du, Abraham, hast du denn keine Angst?"
„Doch! Denn ich habe eine große Verantwortung für alle Mitglieder meiner großen Familie. Auch für dich. Da tut es mir gut, dass Gott zu mir sagt: ‚Fürchte dich nicht, ich bin bei dir.' Und es hat bisher immer gestimmt. Er hat mir immer geholfen. Es ist toll, dass wir so einen Gott haben. Richte dein Ohr auch nach innen. Vielleicht hörst du die Stimme Gottes auch einmal."
„Ja, das probiere ich. Jetzt weiß ich Bescheid. Ich gehe gleich heim und packe meine Tasche, damit ich auch fertig bin, wenn Gott dir sagt, dass wir losziehen sollen. Und Mama muss ich es auch erzählen, damit sie auch keine Angst mehr hat. – Gut, dass ich gefragt habe. Jetzt kenne ich mich aus und bin gespannt, wohin wir dann ziehen."

Schlussgedanken
Wovor könnte Rahel denn Angst gehabt haben? Was hat ihr geholfen?
Frage an die Kinder: Wer von euch ist schon einmal umgezogen? Wie war das? Ging es euch auch wie Rahel?
Je nach Ansatz für diese Geschichte (Umzug, Schulanfang …) die religiösen Aussagen hier nochmals mit einbeziehen.

Gestaltungsvorschlag
Karten gestalten in Form eines Koffers oder einer Schultasche und in die Mitte schreiben: „Fürchte dich nicht! Ich zeige dir den Weg. Ich bin bei dir!", spricht Gott.

Liedvorschläge
„Abraham, Abraham, verlass dein Land und deinen Stamm" (EGB 311)
„Gib uns Ohren, die hören" (Das Kindergesangbuch 195)
„Halte zu mir guter Gott" (EGB 641)
„Der Herr, mein Hirte, führet mich" EGB 594

Reflexion

Am nächsten Tag sprach mich Julias Mutter an, ich solle ihr doch die Geschichte von Rahel geben. Julia hatte ihr davon sehr beeindruckt erzählt und sie, die Mutter, kannte diese Geschichte nicht. Ich erklärte Frau B., wie es zu dieser Geschichte gekommen war und dass ich diese selbst geschrieben hätte auf der Grundlage der Abrahamserzählung.

So schrieb ich die Geschichte ins Reine und übergab sie Frau B. Von diesem Tag an musste Frau B. diese Geschichte jeden Abend vor dem Abendgebet an Julias Bett vorlesen. Sie kannte sie bald auswendig. Dann kam der Umzug.

Zwei Wochen später rief mich Frau B. überglücklich an: „Stellen Sie sich vor, gestern Abend brauchte ich die ‚Rahel-Geschichte' nicht mehr zu erzählen! Ich glaube, Julia ist in der neuen Umgebung angekommen!"

Das zeigte mir, wie ausgesprochen wichtig es ist, auf die kleinsten Signale der Kinder zu hören, um ihnen gerade solche Übergänge zu erleichtern. Und was kann schöner sein, als wenn Gottes Wort bei Kindern heute so heilend und entlastend wirkt?

Die Geschichte von Judith

Aktueller Anlass

Die Geschichte ist für Lilli bestimmt. Lilli, sechs Jahre alt, ist ein sehr sensibles und aufmerksames Kind. Seit einigen Wochen weiß sie im Kindergarten nicht so recht, womit sie spielen soll. Sie braucht Anleitung für Dinge, die sie längst kann. Sie ist unsicher und ruhelos und beteiligt sich nur noch selten an den Spielen der Freunde. Sie bleibt mehr für sich. Lilli hat mehrmals im Kindergarten erwähnt: „Mein Papa sucht sich eine neue Arbeit. Er ist nicht mehr in seiner alten Firma." Zu Hause ist sie zappelig und unruhig.

Bezug zur Lebenssituation der Kinder

- Ein Kind macht sich Sorgen (z. B. bei Arbeitslosigkeit oder Arbeitsplatzwechsel eines Elternteils). Es spürt, dass etwas nicht stimmt, da auch die Eltern besorgt und verunsichert sind. Aber es weiß nichts Konkretes. Es wird nicht

mit ihm, sondern hinter ihm oder ohne es gesprochen. Es fühlt sich ausgeschlossen, wird aber doch letztendlich als Familienmitglied betroffen sein.
- Auch die Eltern machen sich Gedanken über die berufliche und wirtschaftliche Situation der ganzen Familie. Steht vielleicht sogar ein Wohnungswechsel an? Das Kind bekommt ganz viel von diesen Spannungen mit, ohne dass darüber gesprochen wird.
- Das Kind braucht Halt und Sicherheit.
- Mut machen, wenn ein Kind vor etwas Unbestimmtem Angst hat und das Urvertrauen gestört zu sein scheint.
- Strategien aufbauen helfen, z. B. Ich frage jemand anderen.
- Ernst genommen werden.
- Einen Ort haben, an dem ich meine Sorgen sagen kann z. B. im Kindergarten.

Religiöse Aussage
- Sich geborgen fühlen in der Gnade Gottes. Vertrauen erleben und ins eigene Leben übertragen lernen.
- Gottes Stimme hören lernen.
- Gott ist bei mir und bei meiner Familie.
- Trost erfahren: Gott lässt mich nicht allein. Ich bin ihm wichtig. Er kennt meinen Weg und wie er auch sein wird, er geht ihn mit. Er kennt auch meine Sorgen und wird mir helfen und mich nicht alleine lassen.
- Am Vorbild Abrahams erleben, wie gut Vertrauen in die Güte Gottes tut.
- Glaube und Hoffnung öffnen den Blick für andere Wege, lassen mich zuversichtlich in die Zukunft schauen und geben meinem Leben wieder Halt.

Umsetzung

Gestalten der Mitte
- Judith und Abraham als Puppe
- Jesuskerze steht in der Mitte
- Baum aus Holz

13. Abraham

Stilleübungen
In eine Muschel hören oder Stille Post spielen.

Erzählung
Die sechsjährige Judith ist ein aufgewecktes und fröhliches Kind, das gerne mit den anderen Kindern und den Geschwistern spielt. Heute aber ist sie ganz nachdenklich und hat gar keine Lust zu spielen.
Denn seit einigen Tagen ist die Mutter irgendwie bedrückt und auch der Vater ist stiller als sonst. Was ist nur los? Der Vater hat bis vor Kurzem als Maurer gearbeitet und viele Häuser in der nahen Stadt gebaut. Jetzt tut er das nicht mehr. Judiths Onkel ist Abraham, und alle, die zur Familie Abrahams gehören, sollen von hier fort ziehen.

Im Schatten eines großen Baumes sitzen der Vater und einer seiner Brüder und unterhalten sich. Sie können Judith nicht sehen, aber Judith hört ihr Gespräch.
„Ach, Josua, weißt du, mir ist ganz komisch, denn ich weiß nicht so recht, wie es weitergehen soll. Meine Arbeit hier hat mir viel Spaß gemacht und es war eine gute Arbeit. Und auch das Weideland reicht für all unsere Tiere. Auch weiß ich nicht, wohin wir ziehen werden und ob ich dort eine neue Arbeit finden werde. Aber Abraham ist so sicher und glaubt fest daran, dass alles gut wird und wir anderswo auch wieder Arbeit und gutes Ackerland finden werden."
Darauf antwortet sein Bruder: „Ach, Simon, verlass dich doch auf Abraham. Gott hat mit ihm gesprochen und ich glaube, dass Gott bei uns allen ist und für uns sorgen wird."

Judith überlegt: Was soll das denn alles bedeuten? Wer könnte ihr denn das erklären? – Ja, Abraham, den werde ich fragen. Vielleicht erklärt er mir das alles? –
„Du Abraham, kann ich dich einmal etwas fragen?"
„Ja, Judith, was möchtest du denn wissen?"
„Ach, meine Eltern sind so anders. Irgendetwas stimmt nicht. Ich habe gehört, wie Vater mit Josua gesprochen hat. Er macht sich Sorgen wie es nun weiterge-

13. Abraham

hen wird und ob er auch wieder so eine gute Arbeit finden wird. Woher weißt du denn überhaupt, dass wir von hier wegziehen müssen?"
„Das wüsste ich nicht, wenn Gott es mir nicht gesagt hätte."
„Wie spricht Gott denn mit dir?"
„Das ist schwierig zu erklären. Ich höre eine Stimme in mir, die sagt: ‚Fürchte dich nicht, ich bin bei dir und deiner Familie und zeige dir einen neuen Weg und helfe dir auch, eine neue Heimat zu finden. Ich bin bei dir.'"
„Du, Abraham, hast du denn da keine Angst?"
„Doch, denn ich habe ja eine große Verantwortung für meine ganze Familie und auch für dich und deine Eltern und Geschwister. Da tut es gut, dass Gott zu mir sagt: ‚Fürchte dich nicht, ich bin bei dir.' Und es hat auch bisher immer gestimmt. Gott weiß, was für uns Menschen gut ist, nur brauchen wir Menschen oft etwas länger, bis wir das verstehen. Es ist toll, dass wir so einen Gott haben. – Du machst dir Gedanken um deinen Vater? Aber weißt du, Judith, er ist ein so fleißiger Mann, der auch anderswo wieder eine gute Arbeit findet. Richte dein Ohr auch nach innen. Vielleicht hörst du die Stimme Gottes auch einmal."
„Ja, das probier ich. Aber nun weiß ich Bescheid und werde meinem Vater sagen, dass Gott bei uns ist, und er nicht mehr traurig zu sein braucht, weil er hier keine Häuser bauen kann, sondern dass er sich freuen soll, dass Gott ihm bestimmt hilft, eine neue, schöne und interessante Arbeit zu finden. Ich gehe jetzt gleich heim und sage das meinen Eltern. Gut, dass ich dich gefragt habe. Und ich bin gespannt, was wir noch alles Schönes erleben werden."

Reflexion
Auch Lilli hat gespürt, dass es „ihre" Geschichte ist! Sie erkannte sich darin. Nach dieser Geschichte erzählte sie, dass ihr Papa sich auch eine neue Arbeit suchen muss und dass es wohl nicht so einfach für ihn ist. Aber jetzt weiß sie, dass er sich keine Sorgen zu machen braucht, da ja Gott bei ihm ist und ihm bestimmt weiterhilft. Das werde sie ihm heute Abend gleich sagen.
Die Sorgen des Kindes wurden angesprochen, es hat sie selbst formuliert und dadurch Hoffnung und Zuversicht erhalten.

Sie hat die Geschichte von Judith den Eltern erzählt und auch dadurch diese getröstet. Lilli war nach dieser Geschichte „erlöst" und konnte wieder fröhlich sein.

Liedvorschläge
„Gott, dein guter Segen" (Das Kindergesangbuch 220)
„Wenn einer sagt: Ich mag dich, du" (Das Kindergesangbuch 150)
„Der Herr, mein Hirte führet mich" (EGB 594)
„Abraham, Abraham, verlass dein Land und deinen Stamm" (EGB 311)

14. Jakob auf der Himmelsleiter (Genesis / 1 Mose 28,10–22)

Bezug zur Lebenssituation der Kinder
- Ein Kind hat gelogen, gestohlen, etwas anderes Schlimmes angestellt.
- Angst vor der Aussichtslosigkeit.
- Enge, Not, Furcht spüren.
- Angst vor der Zukunft haben.
- Vor der Verantwortung flüchten, feige sein.
- Allein sein, mit niemanden reden könne.
- Gewissensbisse spüren. („Ein schlechtes Gewissen ist kein gutes Ruhekissen.")
- Werde ich noch geliebt?
- Ein Kind hat ein Geschwisterchen bekommen und nun fühlt es in sich Eifersucht und Wut.
- Einen Ausweg suchen aus einer misslichen Lage. Wo finde ich Trost? Ein Stück Lebenshilfe anbieten. Vorbild sein.
- Sich einen Fehler selbst eingestehen.
- Konfliktbewältigung, Lösungen suchen und finden.
- Verantwortung für das eigene Handeln übernehmen.
- Selbständig werden.

14. Jakob auf der Himmelsleiter

Religiöse Aussage
- Du selbst weißt, dass du böse warst und es tut dir schon längst leid. Und Gott kennt deine Einsicht auch. Deshalb ist er auch bei dir und bleibt bei dir. Der verzeihende Gott wird hier deutlich. Er lehrt uns Menschen, uns selbst und anderen zu verzeihen, um ihnen eine neue Chance zu geben.
- Es geht um göttliche Gerechtigkeit und um menschliche Gerechtigkeit.
- Ich darf mich trotz Verfehlung als geliebtes Kind Gottes fühlen. („Ich bin nicht allein!" Gott ist auch bei mir, wenn ich Fehler gemacht habe.)
- Die Leiter symbolisiert die Verbindung zwischen Gott und den Menschen und umgekehrt. Ich kann hinauf, aber auch wieder heruntersteigen. Glauben ist eine lebenslange Wechselbeziehung.
- Trost, Hoffnung, Entlastung und Vertrauen, Mut zum Neuanfang gewinnen, neuen Lebensmut fassen.
- Gott ist bei mir auf der Erde, nicht nur im Himmel. Ich kann mit ihm in Verbindung treten.

Umsetzung

Gestalten der Mitte
- braunes Tuch auf dem Teppich in der Kreismitte (Wüste)
- die Jesuskerze steht im Zentrum
- ein großer Stein
- Stoffpuppe als Jakob
- eine Leiter aus kleinen Ästen und einer Schnur basteln

Stilleübung
Den großen Stein von Kind zu Kind weitergeben und spüren, wie schwer er ist.

Erzählung
Den ganzen Tag ist Jakob schon unterwegs. Er ist allein. Um ihn herum ist nur Wüste. Es ist heiß. Dieser Tag war fürchterlich und Mutter hatte auch Angst um ihn. Er fühlt sich ganz schlecht und ist verzweifelt, weil er etwas ganz Schlimmes getan hat.

14. Jakob auf der Himmelsleiter

„Ich hab mich verstellt, gelogen und meinem Vater vorgeschwindelt, dass ich Esau, mein Bruder sei, nur damit er mir seinen Segen gibt. Und mit seinem Segen hat mir Vater alle seine Schafe und sein Geld gegeben. Jetzt bin ich sehr reich. Eigentlich gehört dies alles immer nur dem ältesten Sohn. Ich aber bin der Jüngere. Vater hat nichts gemerkt, denn er sieht und hört nicht mehr so gut. Er ist ja schon alt und wird bald sterben.
Alles hat geklappt. Nur dann ist Esau wieder heimgekommen. Vater und Esau haben getobt und da bin ich einfach abgehauen.
Ich bin ein Feigling! Jetzt bin ich ganz allein! Ich habe Angst! Ich soll zu meinem Onkel gehen, den ich nicht kenne. Es ist ganz schlimm für mich. Hätte ich doch nur nicht so einen Mist gebaut. Was soll nur aus mir werden? Wie soll es denn mit mir weitergehen? Ich habe große Angst."
Jakob legt sich hin und denkt an daheim. Dabei schaut er in den Sternenhimmel hinauf. „Dort ist der Himmel. Dort sind die Sterne. Da ist Gott."
Er erinnert sich an Gespräche mit dem Vater, an das Abendgebet und wie er ihn dann gesegnet hat. Alles das ist nun vorbei! Damit schläft er ein und träumt:

Der Himmel ist offen und eine Leiter führt zu ihm herab. Engel steigen herunter und hinauf. Sie kommen zu ihm. Er hört die Stimme Gottes: „Ich weiß, wie es dir geht, Jakob. Habe keine Angst. Ich bin bei dir. Ich weiß auch, dass du deinen Fehler einsiehst und es dir leid tut. Der Weg, der vor dir liegt wird schwer werden, aber ich begleite dich. Ich bin im Himmel und bei dir."
Als Jakob am Morgen erwacht erinnert er sich an seinen Traum und formuliert daraus ein Gebet: „Da oben bist du, Gott, und du bist auch hier bei mir. Ich finde es wunderbar, dass du auch bei mir bist, nicht nur bei meinem Vater und Bruder. Danke, guter Gott! Bitte zeige mir einen Weg, wie ich aus dieser schlimmen Sache herauskomme. Ich danke dir, dass du zu mir hältst."

Die Brüder Jakob und Esau versöhnen sich nach einer Zeit wieder und Jakob geht seinen Weg weiter. Ich kann euch verraten, diese Geschichte geht gut aus, denn wir haben Gewissheit: Gott ist mit Jakob.

Schlussgespräch mit den Kindern
Welchen „Mist" hat Jakob denn gebaut?
Sicher kennt auch ihr das Gefühl, etwas Verbotenes getan zu haben. Meist spürt man das im Bauch. Es ist ganz schlimm, zwickt, schmerzt und man denkt, es wird nie mehr besser. Was soll ich nur tun?
Sich entschuldigen, für einen Fehler geradestehen, ist nicht einfach und es kostet viel Mut und Überwindung, die klärenden Worte auszusprechen. Aber wenn sie dann ausgesprochen sind, wandelt sich das Ziehen und Schmerzen im Bauch in Wärme, Freude und Erleichterung.
Gott ist gerade in solchen Situationen ganz nahe bei uns. Er hält zu uns Verbindung – denkt an die Himmelsleiter bei Jakob. Mit Gott können wir immer reden und rechnen.

Liedvorschläge
„Gott des Himmels und der Erden" (EGB 445, 1,3,5)
„Halte zu mir guter Gott" (EGB 641)

15. Der gute Hirte (Psalm 23)

Originaltext aus der Bibel

Der Herr ist mein Hirte,
mit wird nichts mangeln.
Er weidet mich auf einer grünen Aue und führet mich zum frischen Wasser.
Er erquicket meine Seele.
Er führet mich auf rechter Straße um seines Namen willen.

Mutmachpsalm für die Kinder

Der Herr ist mein Hirte,
mir wird nichts fehlen. Er sorgt für mich.
Er führt mich auf saftige Wiesen, auf denen es reichlich zu essen und trinken gibt.
Er stärkt mich und gibt mir immer wieder neue Kraft.
Gott geht meinen Weg mit mir.

15. Der gute Hirte

Und ob ich schon wanderte im finsteren Tal,
so fürchte ich kein Unglück;
denn du bist bei mir,
dein Stecken und Stab trösten mich.
Du bereitest vor mir einen Tisch im Angesicht meiner Feinde.
Du salbest mein Haupt mit Öl und schenkest mir voll ein.
Gutes und Barmherzigkeit werden mir folgen, mein Leben lang

und ich werde bleiben im Hause des Herrn immerdar.

Auch in schwierigen und dunklen Situationen brauche ich mich nicht zu fürchten,
denn du bist bei mir
und hältst deine schützende Hand über mich.
Bei dir fühle ich mich geborgen
und wenn ich müde bin,
darf ich mich ausruhen.
Mit vielen Gaben hast du mich ausgestattet
und du zeigst mir immer wieder,
dass ich dein geliebtes Kind
und etwas ganz Besonderes bin.
Mein ganzes Leben möchte ich bei dir bleiben. Du lässt mich nicht allein.

Umsetzung

Gestalten der Mitte *(siehe Fotos S. 113 und 114)*
- einen Weg aus Tüchern legen
- Jesuskerze an das „Ende des Weges" stellen
- einen Hirte und einige Schafe aus der Weihnachtskrippe aufstellen
- ein Körbchen mit bunten Seidenblüten bereitstellen
- Schälchen mit Wasser auf hellblaues Chiffontuch stellen
- aus Bausteinen und einem schwarzen Tuch ein „finsteres Tal" bauen
- einen Engel mit einem Hirtenstab und Steinen auf einen andersfarbigen Stoffkreis stellen
- ein Bett aus dem Puppenhaus
- viele rote Holzherzen (Gottes Liebe)
- eine Scheibe Brot (Gott sorgt für mich)

15. Der gute Hirte

Der Herr ist mein Hirte, mir wird nichts fehlen.
Was brauchst du zum Leben? Was ist für dich alles wichtig? Essen, trinken, Eltern, Freunde, Spielsachen, Haus ...

Gott sorgt für mich. Er ist so gut zu mir wie ein guter Hirte zu seinen Schafen.
Wie sieht die Arbeit eines Hirten aus? Was macht ein guter Hirte?

Er führt mich auf saftige Wiesen, auf denen ich reichlich zu essen und zu trinken finde. Er stärkt mich und gibt mir immer wieder neue Kraft.
Was gibt dir Kraft? Was macht dich stark? Was hält dich gesund? Wer unterstützt dich noch?

Gott geht meinen Weg mit mir.
Wie spüre ich Gottes Nähe?

Auch in schwierigen und dunklen Situationen brauche ich mich nicht zu fürchten,
- Was macht dir Angst? Dunkelheit, Gewitter, wilde Tiere, Spinnen ...
- Was macht dich traurig? Wenn jemand stirbt, wenn ich allein bin ...
- Was macht dich wütend? Wenn mich jemand ärgert ...

15. Der gute Hirte

Denn du bist bei mir
Woran spürst du, dass Gott bei dir ist? Mama tröstet mich, hält meine Hand, Gott begegnet mir in einem anderen Menschen, ich glaube an meine Schutzengel, die ja Boten Gottes sind.

und hältst deine schützende Hand über mich.
- Wie sieht ein Hirtenstab aus? Wozu dient er? Wilde Tiere vertreiben …
- Gott schickt seine Engel zu mir, seine Boten, die mich vor dem Stolpern, Hinfallen bewahren.

Bei dir fühle ich mich geborgen. Wenn ich müde bin, darf ich mich ausruhen.
- Wo kannst du dich ausruhen? Bett, Sofa, daheim, im Zelt, in der Kirche …
- Was brauchst du zum Ausruhen? Ruhe, leise Musik, gemütliche Ecke, schaukeln, Bett, Kissen, Decke, Arm der Mama, Oma …
- Was macht dich müde? Was strengt dich an?

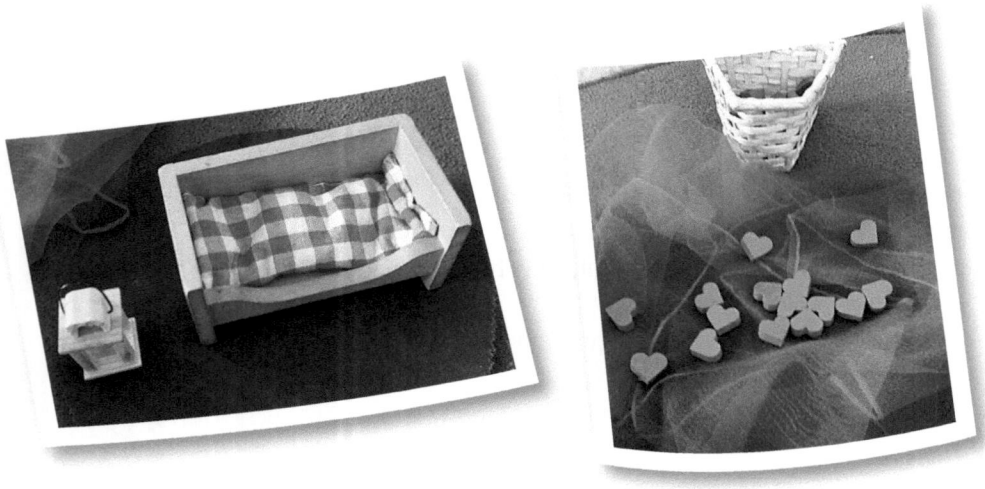

15. Der gute Hirte

Mit vielen Gaben hast du mich ausgestattet und du zeigst mir immer wieder, dass ich dein geliebtes Kind und etwas ganz Besonderes bin.
- Was macht dich einmalig? Gesicht, Fingerabdruck, Stimme, Augenfarbe, alles, was nur du kannst.
- Wenn jemand zu dir sagt, ich mag dich nicht, dann ärgerst du dich und es tut oftmals sehr weh. Aber Gott sagt das nie zu dir. Egal, wie du dich benimmst, was du tust. Er schickt dir dazu Menschen an die Seite, die dich wieder auf den richtigen Weg führen.
- Gott wirkt gerade in diesen Menschen und zeigt so, dass du ihm sehr wichtig bist. Er stattet dich mit Fähigkeiten und Stärken aus, die dich wichtig und einmalig machen (= „Du wirst gesegnet und du sollst ein Segen sein.").

Gott, du bist so gut zu mir wie ein guter Hirte. Mein ganzes Leben möchte ich bei dir bleiben. Du lässt mich nicht allein.
Du bist immer bei mir. Du bist da, egal, wie es mir geht und wo ich gerade bin, nicht nur jetzt, sondern auch, wenn ich groß bin, mein ganzes Leben lang. Immer bist du da.

Liedvorschläge
„Der Herr, mein Hirte führet mich" (EGB 594)
„Du bist immer da" (Detlev Jöcker, CD Danke, danke, für die Sonne, Menschenkinder Verlag)

Elterntisch
siehe Foto

Schlussgedanken
Gerade dieser Psalm verliert seine Bedeutung und seinen Wert nie. Inhalt und Hoffnung gelten ein Leben lang. Nur mit den Jahren verän-

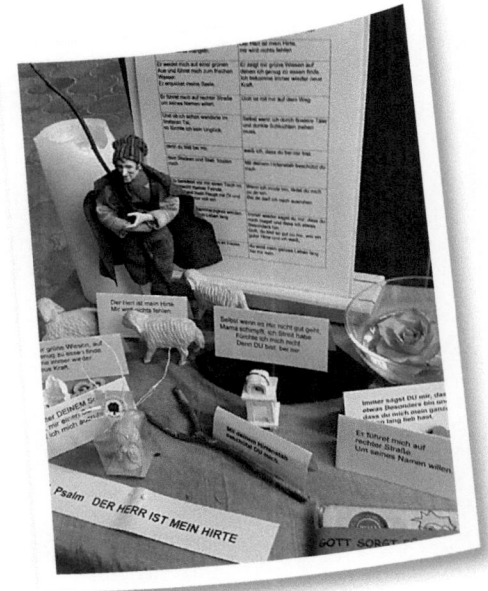

15. Der gute Hirte

dern sich die Bilder von der Quelle, den finsteren Tälern, den Orten, wo es mir gut geht …, aber die Zusage Gottes bleibt immer die Gleiche: „Ich bin bei dir, egal was passiert. Ich begleite dich überall hin und ich stehe dir zur Seite."
Gerade für Kinder kann dieser Text zu einem Strohhalm, einem Anker, zu etwas Verlässlichem werden. Aus dem Text können sie Trost und Hoffnung schöpfen, wenn es ihnen schlecht geht, bei Umbrüchen in ihrem Leben (Schulwechsel, Umzug, Trennung der Eltern, Tod in der Familie …).
Ich empfehle, diesen Text über das Bett des Kindes zu hängen. So ist er immer präsent, kann bei Bedarf gebetet werden und vor dem Einschlafen Entlastung und inneren Frieden geben.
Natürlich können Sie auch den Originaltext des Psalms mit den Kindern bearbeiten.

Praktische Umsetzung der biblischen Geschichten in einem „Bilderbuch"

Beispiel „Mein Bilderbuch über Jesu Weg bis Ostern"

Das Gestalten eines Bilderbuches stellt eine sehr gute Verbindung zwischen dem Hören der biblischen Geschichten und einer praktischen Umsetzung für und mit Kindern dar. Mir erscheint diese Form sehr geeignet, da sich die Geschichten mit und um Jesus und der gestalterische Tatendrang der Kinder bestens ergänzen. Das gilt auch für ältere Kinder und Jugendliche.

Die Kinder bekommen einen ganz persönlichen Bezug zu ihrem Jesusbuch. Jedes Kind kann sich mit seinen Fähigkeiten und Ideen selbst in die jeweilige Geschichte einklinken und sie zu seiner Geschichte werden lassen.

1. Zielsetzung

Wir erzählen Geschichten aus dem Leben Jesu. Mit diesem „Jesusbuch" werden die Geschichten der Bibel nicht nur gehört, sondern auch zum noch besseren Verstehen mit möglichst vielen Sinnen erfahrbar. Die Kinder lernen Jesus als Freund kennen, der sie kennt, der ihnen beisteht und zu dem sie beten können, wenn sie jemanden brauchen; dem sie ein „Geheimnis" anvertrauen, wenn sonst niemand da ist.

Doch wählen Sie gut aus! Nicht jede Geschichte der Bibel passt auch zu allen Kindern, ihren Situationen und dem Alter. Sie selbst müssen diese Geschichten

Beispiel „Mein Bilderbuch über Jesu Weg bis Ostern"

auch „mögen" und hinter der Botschaft stehen, damit Sie für die Kinder authentisch sind.
Sie können Ihre Geschichtenauswahl und die Erzählweise so verändern, dass sie in die Lebenswelt „ihrer" Kinder „heute" passen oder Sie übernehmen eine gut erzählte Geschichte aus einer der Kinderbibeln.

Konkrete Ziele
- Etwas aus dem Leben und Handeln Jesu erfahren.
- Am Vorbild Jesu das Anderssein akzeptieren lernen.
- Förderung von Resilienz und Empathie.
- Verbindung zwischen Theologie und Pädagogik, z. B. bei Zachäus.
- Lernen etwas selbst herzustellen und dieses auch zu Ende bringen.
- Zuhören lernen, nacherzählen üben, Spracherziehung fördern.
- Schulung der Feinmotorik durch das Hantieren mit Schere, Stiften, Kleber, unterschiedlichen Materialien.
- Elternbrief schreiben und austeilen, einen Aushang in jede Garderobe hängen. Die Eltern wissen lassen, was ihre Kinder erfahren und gelernt haben.
- Im Morgenkreis werden die jeweiligen Geschichten allen Kindern erzählt, dazu im Stuhlkreis eine ansprechende Mitte gestalten, die das Thema aufgreift z. B. Leiter bei Zachäus.
- Nur die „Großen" gestalten dazu „ihr Jesusbuch".
- Verwenden Sie unterschiedliche Gestaltungsformen: Malen mit Stiften, mit Wasserfarben, kleben, reißen, mit Stoff arbeiten, verschiedene Papierarten und Farben verwenden ...

2. Zeitplan

Beginn: nach Aschermittwoch
Ende: in der Woche vor Palmsonntag, das bedeutet: ein bis zwei Geschichten pro Woche

3. Elternarbeit

Als positiver Zusatzeffekt wirkt das Buch auch ins Elternhaus hinein. Eltern sind interessiert am Tun ihrer Kinder und lassen sich gerne die einzelnen Geschichten erklären. Ganz nebenbei erfahren die Familien etwas über die eigentliche Bedeutung von Ostern, wichtiger und vorrangiger als das Brauchtum um den Osterhasen. Nicht selten klärt dieses „Bilderbuch" auch ungelöste Glaubensfragen bei Erwachsenen.
Ich habe die Elterntexte zu den einzelnen Bildern mit einfachen Worten und zum leichteren Verstehen zusammengefasst.
Stolz zeigen die Kinder ihre Werke dann den Eltern. Deshalb ist mir auch das Elternblatt so wichtig. Die Eltern heute haben oft noch ein sehr kindliches Verständnis der biblischen Geschichten und erleben in dieser Version des Jesusbuches die Geschichten der Bibel oftmals ganz neu. Wer bringt schon die Geschichten von „damals" mit seinem heutigen Leben in Zusammenhang? Das ist aktive Eltern- und Verkündigungsarbeit.
Das Buch sollte bis Palmsonntag fertig sein und dann auch mit nach Hause genommen werden. Es ist ein wunderschöner Tischschmuck für den Ostermorgen oder für die Fensterbank – nicht nur für das Kind.
Bitte entlassen Sie die Kinder nicht mit dem Tod Jesu in die Festtage. Auch wenn die offizielle Reihenfolge des Kirchenjahres nicht mit unserer übereinstimmt. Damit haben Kinder kein Problem. Für sie ist nur wichtig, dass sie etwas von Jesus hören und das Gehörte mit eigenen Möglichkeiten ausdrücken und verarbeiten können.

Lassen Sie alle fertigen Bücher in Form einer Vernissage zeigen. Das wertet diese Arbeit noch zusätzlich auf. Die Kinder können die Ausstellungsbesucher auch mit Saft und Keksen bewirten und ihr eigenes Werk zeigen!
Ich erlebe, dass nach diesem Projekt jedes der Kinder weiß, warum wir Ostern feiern! Eben nicht, weil der Osterhase kommt, sondern weil Jesus gestorben und wieder auferstanden ist. Das ist Grundwissen im traditionellen christlichen (und kulturellen) Sinn.

Beispiel „Mein Bilderbuch über Jesu Weg bis Ostern"

4. Vorbereitung

Für jedes Vorschulkind wird ein Buchrohling vorbereitet, dazu werden benötigt:
- elf weiße Blätter Tonpapier oder Fotokarton DIN A4 quer
- ein Deckblatt aus transparenter Plastikfolie
- eine Rückwand aus farbigem, stärkeren Karton
- Spiralbindung seitlich

Die Arbeiten der Kinder werden jeweils auf einem weißen Blatt gestaltet und können dann noch auf farbiges Tonpapier geklebt werden, damit das Buch bunter wird.
Die rechte Seite ist jeweils die „Kinderseite", die linke Seite ist die „Elternseite". So stehen Text und künstlerisches Element in enger Verbindung.
Der „Elterntext", ebenfalls auf weißes Papier gedruckt, ist eine kurze Zusammenfassung der jeweils erzählten Geschichte, die ich manchmal mit weiterführenden Gedanken nur für Erwachsene ergänzt habe.
Es sind möglichst unterschiedliche Techniken ausgesucht, damit auch verschiedene Fertigkeiten bei den Kindern vertieft werden.
Sicher haben Sie dazu noch viele andere Ideen.

Beginn des Projekts: Alle Geschichten, die im Buch erscheinen, werden kurz dargestellt

5. Konkrete Gestaltungsvorschläge für zehn Geschichten

Seite 1: Deckblatt

**Mein Bilderbuch
über Jesu Weg bis Ostern**

....
(Platz für den Namen des Kindes)

Seite 2: Kindersegnung

Geschichte erzählen (siehe S. 22 oder 29)

Gestaltungsvorschlag zur Geschichte
- Buntstifte, Wasserfarben, Kleber, Schere
- die Jesusgestalt (siehe S. 141 oder 142) und den Namen der Geschichte (die Überschrift) kopieren, ausschneiden und aufkleben lassen
- viele Kinder dazu malen lassen (Buntstifte, Wasserfarben …)

Text für das Elternblatt
Kindersegnung (Lukas 18,15–17)
Die Erwachsenen stehen dicht gedrängt auf dem Marktplatz. Sie versperren Tabea den Zugang zu Jesus. Sie drängelt sich durch bis nach vorne, sie zwängt und schiebt. „Ich glaub, ich schaff es nicht. Ich kehre wieder um. Aber nein, ich probiere es noch einmal!" Sie nimmt alle Kraft zusammen und kommt auch wirklich bis ganz nach vorne. „He, was willst du denn da? Marsch, verschwinde! Jesus will keine Kinder." Tabea ist enttäuscht und verängstigt.

Beispiel „Mein Bilderbuch über Jesu Weg bis Ostern"

Da ertönt die Stimme von Jesus: „Was schimpft ihr mit dem Kind? Lasst es doch zu mir durch, ich möchte es segnen! Komm, Tabea, du hast dich sehr angestrengt bis zu mir durchzukommen. Ich freue mich, dass du es geschafft hast und dass du nicht vorher aufgegeben hast. Ich weiß auch, dass Gott dir weiterhin viel Kraft geben wird und bei dir ist, wenn du Kraft und Ausdauer brauchst. Du bist für ihn ganz wichtig. Er liebt dich ganz besonders."

Jesus segnet Tabea, und nun sollen auch die andern Kinder zu ihm kommen. Tabea ist überglücklich! Die Erwachsenen treten beiseite und sie geht ungehindert zurück.
Sie hüpft, singt und ist irgendwie verändert. In ihrem Bauch kribbelt es, ihre Hände sind ganz heiß. Die anderen Kinder rennen hinter ihr her: „Mensch, Tabea, toll, dass du uns auch mit zu Jesus genommen hast. Wir sind ganz fröhlich. Möchtest du mit uns spielen?"
„Ja, gerne!", antwortet Tabea.
Jesus hat die Kinder verändert!

Abends im Bett könnte ihr Gebet wie folgt gelautet haben:
„Lieber Gott, heut war ein toller Tag. Ich habe mich getraut und hab es geschafft, bis zu Jesus vorzukommen und die anderen Kinder wollten mit mir mitgehen. Darüber bin ich sehr glücklich. Du hast mich begleitet. Dafür danke ich dir. Amen."

Seite 3: Bartimäus

Vorbereitung
- Buntstifte, Kleber, Klebestreifen, Schere
- auf ein weißes Papier zwei Augenumrisse aufzeichnen, als Streifen ausschneiden
- einen Streifen farbiges Tonpapier, der größer ist und den Augenstreifen komplett abdeckt, vorbereiten

Geschichte erzählen (siehe S. 51)

Beispiel „Mein Bilderbuch über Jesu Weg bis Ostern"

Gestaltungsvorschlag zur Geschichte
- Den Streifen mit den Augen auf die rechte Seite kleben, anschließend das farbige Tonpapier darüberlegen, so dass die Augen verdeckt sind. Rechts und links festkleben, zusätzlich noch mit Klebestreifen fixieren.
- Eine gestrichelte Linie in der Mitte des Tonpapierstreifens aufzeichnen, damit das Kind diese Linie durchschneiden und die beiden Flügel vorsichtig nach außen biegen kann.
- In die aufgemalten Augenumrisse malen lassen, was Bartimäus nun alles sehen kann.
- den Namen der Geschichte kopieren, ausschneiden und aufkleben lassen

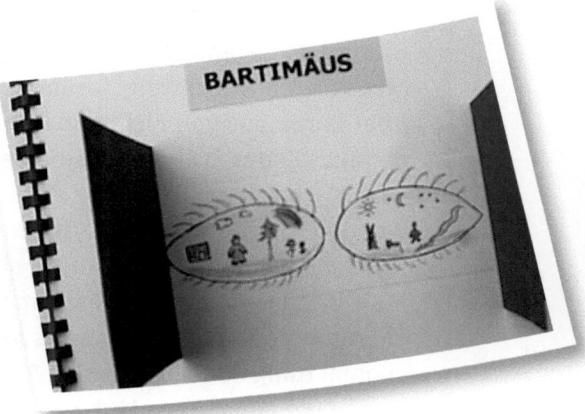

Text für das Elternblatt
Bartimäus (Lukas 18,35–43)
Bartimäus war ein blinder Bettler, der täglich am Tor vor der Stadt Jericho saß. Seine Kleider waren zerrissen und alt. Mancher, der vorbeikam, gab ihm etwas Geld oder etwas zu essen. Gerne hätte er sich aber mit jemandem unterhalten. Doch niemand nahm sich die Zeit zu einem kleinen Gespräch. Darüber war Bartimäus traurig.
Eines Tages spürte er aber, dass etwas Besonderes los war. „Was ist denn los in der Stadt?" Einer rief ihm im Vorbeigehen zu: „Jesus kommt in unsere Stadt". Bartimäus überlegt: „Dieser Jesus, von dem ich schon so viel gehört habe, der zu allen Menschen freundlich ist und sogar Kranke gesund machen kann? Den möchte ich auch sehen können. Aber ich bin blind und ein Bettler. Sicher wird er mich überhaupt nicht wahrnehmen. Ob er hier vorbeikommt? Wenn ja, muss ich irgendwie weiter nach vorne kommen, hier in meiner Ecke sieht er mich bestimmt nicht. Und dann muss ich noch lauter rufen als die anderen, denn das kann ich ja."

Beispiel „Mein Bilderbuch über Jesu Weg bis Ostern"

Aufgeregt tastete er sich durch die Menschen hindurch.
Bartimäus begann zu rufen: „Jesus, Jesus!" Sofort fuhren ihn die umstehenden Menschen an: „Schweig! Jesus hat keine Zeit für dich."
Aber Bartimäus gab nicht auf. Ganz laut rief er: „Jesus, Jesus, hier bin ich." Wieder und wieder. Da hörte er eine freundliche Stimme sagen: „Bringt diesen Mann zu mir. Ich will mit ihm reden."
Wer da wohl gemeint ist? Bartimäus spürte viele Blicke auf seinem Körper. Sollte Jesus ihn meinen? Das konnte er sich nicht vorstellen. Da flüsterte ihm ein Mann ins Ohr: „Ja, Bartimäus, Jesus meint dich." Sein Herz begann zu klopfen und er wurde ganz aufgeregt. Jesus wollte ihn sehen. Das war wunderbar für ihn.
„Komm ruhig näher, hab keine Angst."
Bartimäus nahm allen Mut zusammen und tastete sich in die Richtung, aus der die Stimme kam. Da spürte er ganz deutlich die wohltuende Nähe Jesu. Er hatte es geschafft. Er war ganz nah bei Jesus.
„Was willst du denn von mir? Was kann ich für dich tun?
Zaghaft antwortete er: „Herr, ich will keine schönen Kleider, auch keinen Reichtum, aber bitte, hilf mir, dass ich wieder sehen kann!"
„Weil du so fest an mich geglaubt hast, will ich dir helfen", antwortete Jesus. „Du wirst merken, dass du nun sehen kannst, weil du es so fest gewollt hast und nicht aufgegeben hast, nach mir zu rufen."

Bartimäus spürte die Veränderung, die mit ihm passierte und er öffnete langsam seine Augen.
Er konnte sehen! Er sah den blauen Himmel, die Häuser, die Menschen und Jesus.

Dankbar antwortete er mit einem Gebet:
„Guter Gott, ich danke dir, dass du mir Jesus geschickt hast und ich nun sehen kann. Ich werde ab heute meine Augen offen halten, damit ich sehen lerne, wo ich helfen kann und werde anderen Menschen von deiner Güte und Liebe erzählen."

Gebet zur Bartimäusgeschichte
Guter Gott, öffne uns die Augen,
dass wir einander sehen und verstehen.
Öffne uns die Ohren,
für die Worte der Menschen – frohe und traurige.
Öffne uns die Hände,
für die Menschen, die unsere Hilfe brauchen.
Amen.

Seite 4: Zachäus

Geschichte erzählen (siehe S. 56)

Gestaltungsvorschlag zur Geschichte
- Wellpappkarton (auch Reste verwenden), Stoffreste, Buntstifte, Kleber, Schere
- aus Wellpappkarton das Haus des Zachäus schneiden lassen (ca. 6 × 8 cm)
- eine Jesusgestalt mit Zachäus auf dem Baum und den Namen der Geschichte kopieren, ausschneiden und aufkleben lassen
- aus Stoffresten Menschen ausschneiden lassen oder malen lassen und einkleben
- ein Ausmalbild „Jesus und Zachäus", siehe Hinweise S. 140, als Handzettel nach dem Morgenkreis mit nach Hause geben oder als zusätzliche Seite ins Buch einfügen

Text für das Elternblatt
Zachäus (Lukas 19,1–10)
Zachäus war ein Mann, der am Stadttor von Jericho den Zoll verlangte. Er war ein harter und unnachgiebiger Mann, der von allen anderen Menschen gefürchtet und gemieden wurde. Er hatte auch keine Freunde. Niemand mochte ihn.
Eines Tages merkte er, dass die ganze Stadt in Aufruhr war. „Jesus kommt in die Stadt und wir wollen ihn alle sehen.
„Wer ist denn dieser Jesus, ein Händler?"

Beispiel „Mein Bilderbuch über Jesu Weg bis Ostern"

„Nein, Jesus ist der von Gott Gesandte. Den Gott auf die Erde geschickt hat, damit er uns Menschen erretten soll. Er hat überall viele Freunde, ist freundlich und hilfsbereit zu allen Menschen und kann sogar Kranke wieder gesund machen. Er ist Gottes Sohn."
„Das kann ich mir gar nicht vorstellen. Den muss ich mir anschauen. Dieser Jesus hat all das, was ich nicht habe."
Zachäus geht in die Stadt und will sich durch die vielen Menschen drängen. Aber keiner lässt ihn durch. Seine Wege sind versperrt. Er sucht sich nun einen neuen Weg. Er entdeckt einen Baum und klettert hinauf. „Ja, von hier aus kann ich mir diesen Jesus ansehen. Ich muss wissen, was alle Menschen an ihm finden und warum er viele Freunde hat.
Da, da vorne kommt er! Ach, der hat ja nicht mal ein kostbares Kleid, kein Gepäck, nichts Besonderes. Aber sein Gesicht schaut wirklich freundlich und alle umstehenden Menschen wollen seine Hand schütteln. Er bleibt stehen. Er schaut herauf! Ob er mich sieht?"

„Zachäus, komm vom Baum herunter. Ich will zu dir nach Hause kommen und mit dir gemeinsam essen."
Er meint mich! Und will sogar mit zu mir kommen und bei mir essen. Dieser Jesus ist wirklich ein besonderer Mensch. Das spüre ich jetzt ganz deutlich!
„Jesus, ich bin ganz überrascht, dass du mein Gast sein willst. Ich wollte dich kennen lernen, weil du alles das hast, was ich nicht habe, nämlich Freunde und Menschen, die dich lieben. Und jetzt besuchst du ausgerechnet mich und bist in meinem Haus. Ich spüre, dass etwas von deiner Fröhlichkeit und Freude in mir ist. Ich bin, glaube ich, richtig glücklich. Ich würde auch gerne viele Freunde haben, und jetzt weiß ich auf einmal auch, dass ich ganz viel falsch gemacht habe. Ich habe nur an mich gedacht und war hart und unbarmherzig zu den Menschen und habe ihnen zu viel Geld abgenommen. Das sehe ich jetzt ein und es tut mir leid. Ich kann das alles nicht rückgängig machen, aber ich möchte allen Menschen, denen ich zu viel abgenommen habe, das Doppelte zurückgeben. Du hast mir geholfen, du hast mir die Augen geöffnet!"

Zachäus stellt sich vor die Menschen und bittet sie um Entschuldigung. Das war bestimmt nicht leicht für ihn, aber das Zusammensein mit Jesus hat ihn verändert und ihn stark gemacht. Er hat ihn von seinem „hohen Ross" (Baum) heruntersteigen lassen und ihm einen neuen (Lebens)Weg gezeigt.

Gebet zur Zachäusgeschichte
Lieber Gott, es ist schön, dass du immer bei mir bist und meinen Namen kennst.
Das tut mir gut.
Ich danke dir, dass du mir hilfst, wenn ich etwas falsch gemacht habe
und mir immer einen neuen Weg zeigst, um aus meinen Fehlern zu lernen.
Es ist oft schwer „Entschuldige" oder „Es tut mir leid" zu sagen.
Bitte hilf mir, dass ich lerne, mich bei Anderen zu entschuldigen,
damit wir wieder miteinander spielen können.
Amen

Seite 5: Einzug in Jerusalem

Geschichte erzählen (siehe S. 63)

Gestaltungsvorschlag zur Geschichte
- Sand vom Sandkasten, Buchsbaumzweige, Kleister, Buntstifte, Wasserfarben, Kleber, Schere
- einen Weg auf einem weißen Blatt Papier oder direkt auf der fünften Buchseite aufmalen lassen, einkleistern und mit dem Sand bestreuen
- eine Eselschablone anfertigen, Esel kopieren, ausschneiden, grau ausmalen und auf den Weg kleben
- eine Jesusgestalt und den Namen der Geschichte kopieren, ausschneiden und aufkleben lassen
- mit Wasserfarbe und Pinsel Menschen malen lassen und Buchsbaumzweige als Palmwedel dazukleben
- das fertige Bild auf die fünfte Seite kleben oder gleich auf der Seite arbeiten lassen

Beispiel „Mein Bilderbuch über Jesu Weg bis Ostern"

Text für das Elternblatt
Einzug in Jerusalem (Lukas 19,28–38)
Jesus wanderte mit seinen Jüngern in Richtung Jerusalem, wo sie gemeinsam das Passahfest feiern wollten. Jesus sagte zu einem Jünger: „Da vorne ist ein Bauer. Geh hin und lasse dir eine Eselin mit ihrem kleinen Esel geben. Damit werde ich dann nach Jerusalem hineinreiten."
Andreas, einer der Jünger war den ganzen Weg über sehr nachdenklich. „Jesus, willst du denn wirklich nach Jerusalem? Dort sind doch die Priester und Schriftgelehrten und die mögen dich überhaupt nicht. Die schimpfen auch über dich, weil du am Sonntag eine kranke Frau geheilt hast, weil du bei Zachäus gewesen bist und weil du Bartimäus wieder sehend gemacht hast. Lass uns in eine andere Stadt gehen."
„Andreas, ich weiß, dass es in Jerusalem schlimm für mich werden wird und dass ich viel leiden muss. Aber ich weiß auch, dass es gut ausgeht. Gott ist bei mir und ich stelle mich dieser schweren Aufgabe."
Petrus, der das auch gehört hat, sagt: „Jesus, wir gehen auf jeden Fall mit nach Jerusalem. Wir passen schon auf dich auf und wenn jemand dich ärgert, dann bekommt er es mit mir zu tun!"
„Petrus, ich brauche nicht zu kämpfen. Ich brauche auch keine Waffen oder eine ganze Armee, denn Gott ist bei mir."
Natürlich hat es sich bereits überall in Jerusalem herumgesprochen, dass Jesus das Passahfest in der Stadt feiern will. Viele Leute wollen diesen Jesus jetzt endlich kennen lernen. Sie erhoffen sich von ihm, dass er sie herausführt aus ihrer Armut und der schlechten Herrschaft durch die Römer. Sie wollen ihn zu ihrem König machen, der für sie kämpft und die Römer vertreibt.
Die Menschen standen an den Straßen und jubelten Jesus zu. Sie legten ihre Mäntel und Umhänge auf die staubige Straße und sie schnitten Zweige von den Bäumen, um ihm zu winken. Sie sahen in ihm ihren König. Deshalb bereiteten sie ihm einen so eindrucksvollen Empfang.
Aber einige Skeptiker und Schriftgelehrte sahen diesem Treiben mit zorniger und wütender Miene zu. Sie wollten diesen „König" nicht!

Beispiel „Mein Bilderbuch über Jesu Weg bis Ostern"

Seite 6: Tempelreinigung
Geschichte erzählen (siehe S. 68)

Gestaltungsvorschlag zur Geschichte
- weißes, Papier, Buntstifte, Kleber, Schere
- jedes Kind malt seine wichtigste Szene mit Buntstiften auf ein weißes Blatt Papier
- das Bild auf die nächste Seite kleben
- den Namen der Geschichte kopieren, ausschneiden und aufkleben lassen

Text für das Elternblatt
Tempelreinigung (Markus 11,15–19)
Jesus räumt auf!
Aufräumen bedeutet, durch äußere Ordnung die innere Ordnung wieder herstellen und umgekehrt. Gerade in dieser Geschichte wird deutlich, dass Jesus nicht nur Freunde hatte. Diese Geschichte dient zum besseren Verständnis, dass Jesus sterben sollte.

Die Händler, Priester und Schriftgelehrten hatten im Vorraum des Tempels ihre Verkaufsstände aufgebaut. Dort musste jeder, der beten und opfern wollte, sein Geld in „Tempeltaler" umwechseln. Erst dann konnte er bei den anderen Händlern Opfertiere kaufen. Es herrschte dort eine große Geschäftigkeit, verbunden mit viel Lärm. Schafe blökten, Hühner gackerten, Tauben gurrten und viele Menschen riefen und brüllten durcheinander. Es war eine Stimmung wie auf einem orientalischen Bazar!
Mancher Besucher hat sich wohl auch gedacht: „Wie die Menschen bei solchem Lärm nur beten können? Aber es ist bestimmt eine gute Geschäftslage."

Jesus wollte auch den Tempel besuchen. Er sah die vielen Händler und hörte den ohrenbetäubenden Lärm. Er wurde wütend!

Beispiel „Mein Bilderbuch über Jesu Weg bis Ostern"

„Gott hat gesagt, mein Tempel soll ein Ort sein, an dem die Menschen beten und in Stille mit Gott reden können. Was habt ihr daraus gemacht? Ein Kaufhaus, einen Einkaufsmarkt!"
Wütend stieß er die Tische und Stände der Händler und Geldwechsler um. Das Geld rollte davon, die Ziegen, Schafe und Hühner stoben auseinander und die Tauben flogen in den Himmel.

„He, dieser Jesus verdirbt uns das gute Geschäft. Was heißt hier Bethaus? Das Geld und die Einnahmen sind doch wichtiger für uns. Dieser Jesus stört uns. Wie der sich aufspielt! Er soll doch die Römer vertreiben und nicht uns! Der muss weg! Aber wie? Nein, den wollen wir nicht als König. Der ist ja gegen unseren Reichtum und gegen unser Geschäft!"
Für diesen Tag war das Geschäft verdorben. Viele wütende, aber auch nachdenkliche Menschen verließen den Tempel.
Es war auf einmal ganz still im Tempel.

Schlussgedanken als Gebet
Gott, du hast Jesus zu uns Menschen geschickt, damit er uns lehrt, wie wir friedlich und fröhlich zusammenleben können.
Es ist schön, wenn es einmal still ist. Ich kann so besser nachdenken und mich besser konzentrieren. Ich glaube, das wollte uns Jesus mit dieser Geschichte auch lehren. Dafür sagen wir Danke und Amen.

Seite 7: Abendmahl

Geschichte erzählen (siehe S. 72)

Gestaltungsvorschlag zur Geschichte
- Goldpapier, Weizenkörner, Klebestreifen, Wasserfarben, Kartoffeln für Kartoffeldruck, Kleber, Schere
- eine Jesusgestalt und den Namen der Geschichte kopieren, ausschneiden und aufkleben lassen

- Becher und Goldschale aus Goldpapier schneiden lassen und Weizenkörner einkleben (Klebestreifen über die Körner kleben, das hält besser!)
- Jünger mit Wasserfarbe und Kartoffelstempeldruck malen
- die Namen der Jünger kopieren, ausschneiden und aufkleben lassen: Simon Petrus, Jakobus, Simon, Judas Thaddäus, Thomas, Johannes, Philippus, Andreas, Bartholomäus, Matthäus, Jakobus, Judas Iskariot

Text für das Elternblatt
Abendmahl (Lukas 22,7–23)
In Jerusalem wurde das Passahfest gefeiert. Es war ein „Dankfest" für alles Gute, was Gott den Menschen getan hatte. Die Jünger und Jesus feierten auch. Sie unterhielten sich über alle ihre Erlebnisse: die Heilung der kranken Frau und des Bartimäus. Die Geschichte von Tabea. Sie erinnerten sich auch an die Begegnung mit Zachäus und noch viele andere Taten Jesu. Dies alles hatte etwas mit Freude zu tun.
„Weißt du was, Jesus, wir feiern dich! Wir haben viele Gründe für ein ‚neues Fest'. Weil wir dir in einem eigenen Fest danken wollen, für alles, was du uns gelehrt hast."

Jesus sagte: „Es wird etwas Schlimmes auf mich zukommen und ihr müsst darauf gefasst sein, dass ich sterben werde. Aber denkt daran: Die Geschichte geht gut aus."

Doch dies verstanden die Jünger zu diesem Zeitpunkt noch nicht. Wir wissen heute aber, was Jesus damit gemeint hat.
Jesus brach beim Festmahl das Brot, er schenkte den Wein aus und dankte Gott und gab ihnen beides und sprach:
„Wenn ihr euch wieder trefft, werdet ihr auch gemeinsam Brot essen und Wein trinken und euch wieder freuen können."

Beispiel „Mein Bilderbuch über Jesu Weg bis Ostern"

Das Brot steht für alles, was war, was die Jünger mit Jesus erlebt haben, für alle seine Taten, „an denen ihr kauen könnt". Es ist auch ein Zeichen der Hoffnung, dass Jesus bald anders bei ihnen sein wird. „Ihr lebt nicht vom Brot allein. Erinnert euch an die Geschichten, die ihr mit mir erlebt habt und die euch erzählt wurden."

Der Wein ist das Zeichen, dass Gott zu uns hält. Der Wein steht für Wandlung und ist ein Zeichen der Freude. Wein kann auch für die Tränen von Jesus stehen. Jesus war sehr tapfer, obwohl er auch Angst hatte.

Wir im Kindergarten haben auch gemeinsam Brot und Saft getrunken und uns dabei an alle Geschichten erinnert, die wir von Jesus kennen.

Seite 8: Gefangennahme Jesu
Geschichte erzählen (siehe S. 76)

Gestaltungsvorschlag zur Geschichte
- Maschendraht, verschiedene Wollreste oder Schnur, Kleber, Schere
- auf die nächste Seite wird ein Stück Maschendraht aufgelegt, die scharfen Enden werden durch das Papier gestochen und umgebogen
- jedes Kind bekommt einige Wollfäden oder ein Stück Schnur, es kann seine eigenen Sorgen formulieren, hörbar oder still, und in seiner Schnur durchfädeln und zum Knoten verbinden
- den Namen der Geschichte kopieren, ausschneiden und aufkleben lassen

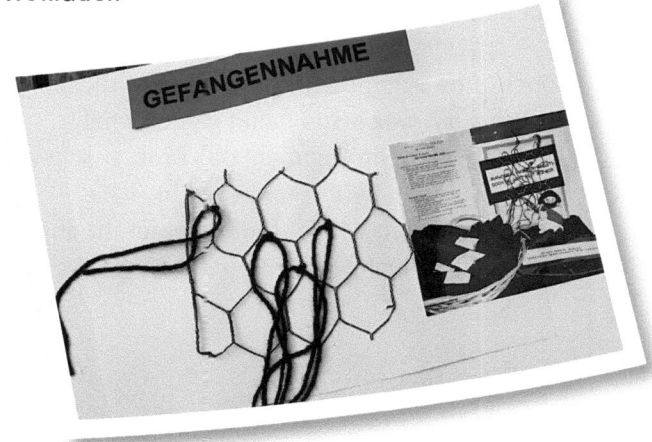

Text für das Elternblatt
Gefangennahme Jesu (Matthäus 26,47–56, Markus 14,43–50, Lukas 22,47–53)
Jesus hatte im Tempel die Händler vertrieben mit der Begründung: „Gott hat gesagt, mein Tempel soll ein Ort sein, an dem die Menschen beten und in Stille mit Gott reden können. Was habt ihr aber daraus gemacht? Ein Kaufhaus, einen Einkaufsmarkt?"
Viele Händler und Geldwechsler, aber auch die Priester waren „stinksauer" auf Jesus! Für diesen Tag war das Geschäft verdorben. Viele wütende, aber auch viele nachdenkliche Menschen verließen an diesem Tag den Tempel.

Dies ist die „typische Geschichte", in der den Kindern deutlich wird, dass Jesus auch Gegner, Feinde hatte. Diese Geschichte hat sich natürlich in Windeseile herumgesprochen und nun hatten seine Gegner endlich einen Grund, diesen Jesus, den Revolutionär, dingfest zu machen und ihn zu verhaften. Mit Seilen haben Soldaten Jesus gefesselt und zum Richter gebracht, der ihn auch verurteilt hat. Das alles konnten die Jünger überhaupt nicht verstehen.

Was sagt *uns* diese Geschichte *heute*?
Auch wir können manche Dinge oder Nachrichten nicht verstehen. Wir kommen ins Zweifeln und Grübeln und bekommen vielleicht sogar Angst.
Jedes Kind hat auch Ängste und Sorgen und versteht manchmal die Erwachsenen nur schwer. Deshalb sollte jedes Kind „seine Sorgen, seine Ängste" in „seinen Knoten" einbinden. Jesus, als unser *Vorbild* kann den Knoten wieder lösen. Er gibt uns Hoffnung, dass alles gut werden kann.

Seite 9: Jesu Tod

Diese beiden Arbeiten zu Tod und Auferstehung sollten auch an einem Tag erstellt werden.

Geschichte erzählen (siehe S. 79)

Beispiel „Mein Bilderbuch über Jesu Weg bis Ostern"

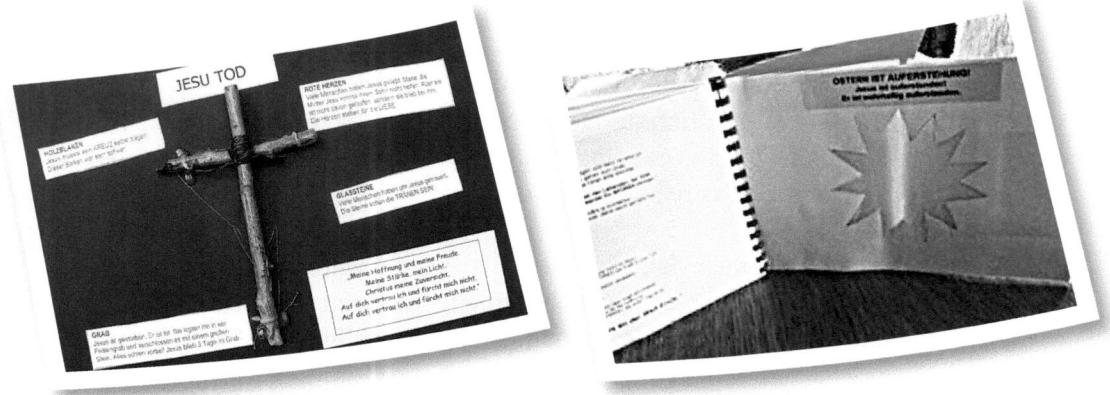

Gestaltungsvorschlag zur Geschichte
- braunes, schwarzes oder dunkelblaues Tonpapier, Äste, Wolle zum Fixieren der Äste, Schere, Kleber
- aus braunen Tonpapierstreifen oder aus zwei kleinen Ästen ein Kreuz kleben oder binden
- die Kinder kleben das Kreuz auf die vorletzte Seite (Papier mit Kleber, Holzkreuz mit Heißkleber), vorher kann schwarzes oder dunkelblaues Tonpapier unterlegt werden
- um das Kreuz werden die kleinen Textkästen (Stein, Herzen, Tränen, Balken) geklebt (siehe Foto links, Texte S. 143)
- den Namen der Geschichte kopieren, ausschneiden und aufkleben lassen

Text für das Elternblatt
Jesu Tod (Lukas 23,26–49)
Nach der Gefangennahme stehen die Jünger erschüttert und fassungslos da: „Unser Jesus soll sterben? Wir sind jetzt allein. Wie soll das alles weitergehen? All unsere Hoffnung ist dahin. Er hat doch gesagt: Gott ist da. Wo ist er denn jetzt?"
Ein anderer Jünger meint: „Jesus hat doch gesagt, dass jetzt eine schwere Zeit für uns alle kommen wird. Aber er hat auch gesagt, dass alles gut ausgehen wird. Jesus lügt doch nicht!"

Zuerst jedoch kam etwas ganz Schlimmes. Mit dem Satz „Mein Gott, mein Gott, warum hast du mich verlassen?" starb Jesus am Kreuz.
Er hatte auch Angst.
Er weiß, was Angst ist.
Er kennt alle unsere menschlichen Seiten.
Er versteht uns.
Als Jesus tot war, nahmen ihn Soldaten vom Kreuz und seine Freunde legten ihn in ein Felsengrab und die Soldaten rollten einen großen Stein davor und hielten Wache.

Jesu Tod steht auch für konsequentes Handeln bis zum Schluss. Jesus hat das menschliche Leiden nicht ausgespart, sondern sich ihm gestellt. Er ist nicht „umgefallen", als sie ihn fragten, ob er Gottes Sohn sei! Er blieb bei der Wahrheit. Ein Wesenszug, der vielen Menschen heute fremd geworden ist. Er hat sich nicht aus der Verantwortung gestohlen. Es stimmt alles, was er sagte und tat. – Nichts muss widerrufen werden.

Was sagt *uns* das heute?
Auch wenn unsere Wege, unser Leben nicht immer einfach verlaufen, oft steinig und mit vielen Wirrungen versehen sind, geht Jesus diesen Lebensweg mit. Das gibt mir die Hoffnung, dass auch meine Lebensgeschichte gut endet. Wir Christen glauben an ein Leben nach dem Tod. Ein Leben bei Gott.
„Wir sterben nicht von Gott weg, sondern zu Gott hin." (Luther)

> „Meine Hoffnung und meine Freude,
> meine Stärke, mein Licht:
> Christus, meine Zuversicht,
> auf dich vertrau ich und fürcht mich nicht,
> auf dich vertrau ich und fürcht mich nicht."
>
> Katalanischer Spruch nach Jesaja 12,2 (EGB 697)

(Diesen Liedvers kopieren und als Handzettel mit nach Hause geben.)

Beispiel „Mein Bilderbuch über Jesu Weg bis Ostern"

Alternativtext für das Elternblatt
Jesus am Kreuz
„Bist du wirklich Gottes Sohn?", wütend stellte der oberste Priester Jesus diese Frage.
„Ja, du sagst es", antwortete Jesus ganz sicher.
Mit dem Satz Jesu: „Mein Gott, mein Gott, warum hast du mich verlassen?" starb Jesus am Kreuz.

Er hatte auch Angst.
Er weiß, was Angst ist.
Er kennt alle unsere menschlichen Seiten.
Er versteht uns.

Die vielen Feinde Jesu waren nun überzeugt. „Dieser Jesus ist ein Lügner. Er muss sterben!", riefen sie und waren zufrieden, dass sie nun einen Grund gefunden hatten, um Jesus loszuwerden. Sie ließen ihn deshalb zu Pilatus bringen. Dieser war der oberste römische Herr im Land. Er verurteilte Jesus zum Tod am Kreuz.
Die Soldaten brachten Jesus weg. Sie verspotteten ihn. Sie gaben ihm einen roten Umhang und setzten ihm eine Krone aus stachligen Ästen auf den Kopf. „Du willst ein König sein? Wehre dich!", höhnten sie und schlugen ihn. Jesus hatte große Schmerzen, doch er ertrug alles.

Petrus, der von weitem zuschaute, verstand jetzt, was Jesus beim Abendmahl gemeint hatte, als er zu den Jüngern sagte: „So gebe ich mein Leben für euch." Jesus hielt, was er versprach! Und Petrus weinte, denn er hatte sein Versprechen nicht gehalten. Er war davongelaufen und hat dreimal gesagt, dass er diesen Jesus nicht kenne.

Jetzt war Jesus allein. Er musste sein schweres Kreuz zum Hügel Golgota schleppen. Dort wurde er von Soldaten gekreuzigt. Er aber sprach zu seiner Mutter Maria und zu Johannes, seinem besten Freund: „Bleibt zusammen und habt einander lieb! Jetzt ist alles geschehen, wie es Gott, mein himmlischer Vater wollte. Er ist bei mir und ich gehe zu ihm." Dann starb Jesus.

Seine Freunde legten ihn in ein Grab und rollten einen riesigen Stein davor. Niemand konnte diesen allein fortnehmen. Die Jünger fühlten sich ohne ihren Jesus verlassen und hatten große Angst um ihr Leben. War dies das Ende?

Seite 10: Ostern ist Auferstehung

Geschichte erzählen (siehe S. 81)

Gestaltungsvorschlag zur Geschichte (siehe Foto S. 134 rechts)
- ein Blatt weißes Tonpapier, Teppichmesser, Stift zum Zeichnen des Sonnenumrisses, gelbes Transparentpapier, Kleber
- eine Sonnenschablone aus festem Karton anfertigen
- die Sonnenschablone auf die zehnte Seite auflegen, abzeichnen und ausschneiden, mit dem Transparentpapier hinterkleben
- das Elternblatt auf gelbes Kopierpapier schreiben bzw. kopieren
- das weiße Tonpapier rechts und links neben der Sonne sehr gut festkleben (mit Klebeband verstärken)
- eine Mittellinie aufzeichnen und vorsichtig in der Mitte durchschneiden, so dass zwei Fensterflügel entstehen, diese können aufgeklappt werden, um das Buch hinzustellen und das Licht zu sehen: Ich bin das Licht der Welt.

Text für das Elternblatt
Ostern ist Auferstehung (Lukas 24,1–12)
Die drei Frauen gehen zum Grab. „Wir wollen ihn nun richtig beerdigen. Und dann ist alles vorbei, was er uns Gutes getan hat. Es ist ganz schlimm."
Der Stein ist weg! Ein ganz helles Licht erschreckt sie furchtbar. Sie hören eine Stimme: „Ihr sucht Jesus bei den Toten? Da seid ihr falsch! Jesus ist bei den Lebenden. Bei Gott. Sagt es den anderen Jüngern. Jesus wird bei euch sein. Ihr werdet ihn spüren können."

Beispiel „Mein Bilderbuch über Jesu Weg bis Ostern"

„Wie ist denn das gemeint? Wie wird denn das sein? Das wäre ja wunderbar."
„Du, ich glaube, ich spüre es schon. Jetzt verstehe ich, was Jesus damit gemeint hat: Es geht gut aus! Der Tod ist nicht das Letzte. Da kommt noch etwas nach. Ja, ich spüre es! Ich bin gar nicht mehr so traurig! Jesus lebt!"
Die Frauen erzählen es den anderen Jüngern: „Er lässt uns nicht im Stich. Alles ist wieder da, was wir mit ihm erlebt haben!"
Wir spüren die Kraft in uns. Toll! Es geht weiter! Alles, was Jesus gesagt hat, stimmt. Er hat uns nicht wirklich verlassen.
Er ist bei uns – nur anders.
Durch die Erinnerung an die Erlebnisse mit ihm wird Jesu Kraft spürbar.
Die Trauer ist begrenzt und die Freude wächst wieder. Das ist die Hoffnung. Die letzte Seite unseres Buches soll die Sonne darstellen, die jeden Tag da ist, so wie Jesus uns zugesagt hat: „Ich bin bei euch alle Tage, bis an der Welt Ende."

Präsentation
- einen Aushang mit dem Hinweis auf die Vernissage der Jesusbücher machen, z. B.:

Freitag:

Vernissage der Jesus-Bücher

Ein Projekt aller Schulkinder
von Aschermittwoch bis Ostern
Alle „Elterntische" werden in der Halle aufgebaut
und können bis nach Ostern von Eltern, Besuchern und
natürlich allen Kinder besucht werden.

Schlussgedanken

Meine Intention, dieses Buch zu schreiben, war, den unerschöpflichen Reichtum von biblischen Geschichten in das Heute von Kindern und Jugendlichen zu transportieren, um sie als Lebenshilfe und Schlüssel anzubieten.
Ich habe die Erfahrung gemacht, dass diese Identifizierungsgeschichten die Herzen von Kindern und Jugendlichen ganz besonders berühren.
Ich hoffe, mit diesem kleinen Katalog an „aufbereiteten" Geschichten Lust und Interesse bei Ihnen geweckt zu haben, sich selbst mit dieser Methode vertraut zu machen und die Geschichten so weiterzuerzählen, oder sie für die Lebenssituationen der Ihnen anvertrauten Kinder oder Jugendlichen selbst umzuschreiben. Sicher sind Ihnen beim Lesen noch viele eigene Ideen und Ansätze eingefallen, die umzusetzen jetzt bestimmt leichter fallen.

Dank

Mein ganz besonderer Dank gilt Pfarrer Frieder Harz, Prof. i.R. für Religionspädagogik und Frau Stadtdekanin Susanne Kasch, die mir die Starthilfe und wichtige Impulse für diese Art des Erzählens biblischer Geschichten gaben und Pfarrer i.R. Burkhard Oberhäußer, der mich bei diesem Buch theologisch begleitete.

Hinweise

Lieder und Material
Evangelisches Gesangbuch, Ausgabe für die Evangelische Kirche in Bayern
Das Kindergesangbuch, hrsg. von Andreas Ebert, Claudius Verlag
Krenzer, Rolf, Das große Liederbuch. 135 religiöse Lieder für Kindergarten, Schule und Gottesdienst, Lahn-Verlag GmbH, Kevelaer
Auf und macht die Herzen weit. Liederheft für die Gemeinde, Ev. Presseverband, München, Voggenreiter & Strube 1982
Kettmaterial über RPA-Verlag GmbH, Gaußstraße 8, 84030 Landshut

Kopiervorlagen und Ausmalbilder
Susanne Brandt; Klaus-Uwe Nommensen, Kinderkirche zu biblischen Geschichten. Bausteine und Materialien für Gottesdienst und Kinderbibeltage, Don Bosco, München
Petra Lefin, Kinderbibelbilder zum Weitermalen, Don Bosco, München
Ulrike Graumann; Stefan Lohr, Bibel-Malblock, Verlag Herder, Freiburg i. Br.

Bibelausgaben für Kinder
Kinderbibelgeschichten, erzählt von Susanne Brandt und Klaus-Uwe Nommensen, mit Bildern von Petra Lefin, Don Bosco, München (ab 4 Jahren)
Ich bin bei euch. Die große Don Bosco Kinderbibel, erzählt von Lene Mayer-Skumanz, mit Bildern von Martina Špinkova, Don Bosco, München (ab 8 Jahren)
Das große Bibel-Bilderbuch, illustriert von Kees de Kort, nacherzählt von Hellmut Haug, Deutsche Bibelgesellschaft, Stuttgart 1994

Kopiervorlagen für Ausmalbilder

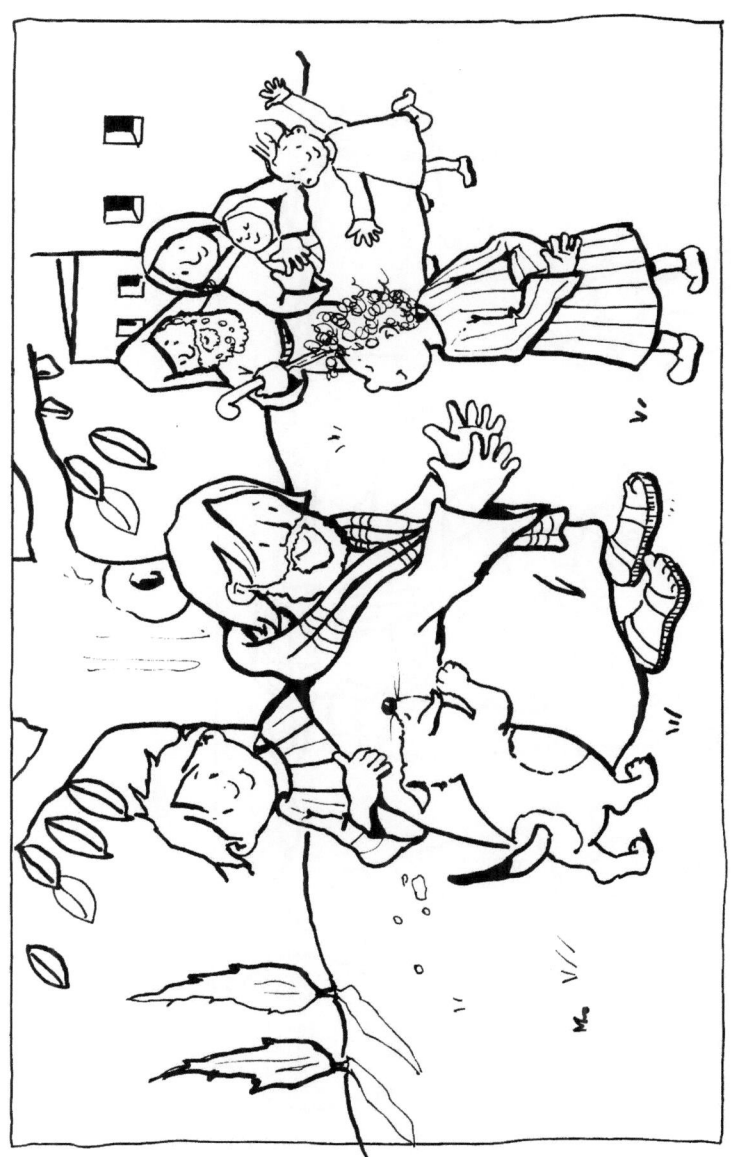

Jesus segnet die Kinder
Aus: Brandt/Nommensen, Kinderkirche zu biblischen Geschichten, © Don Bosco Medien GmbH, München, Illustration: Petra Lefin

Kopiervorlagen für Ausmalbilder

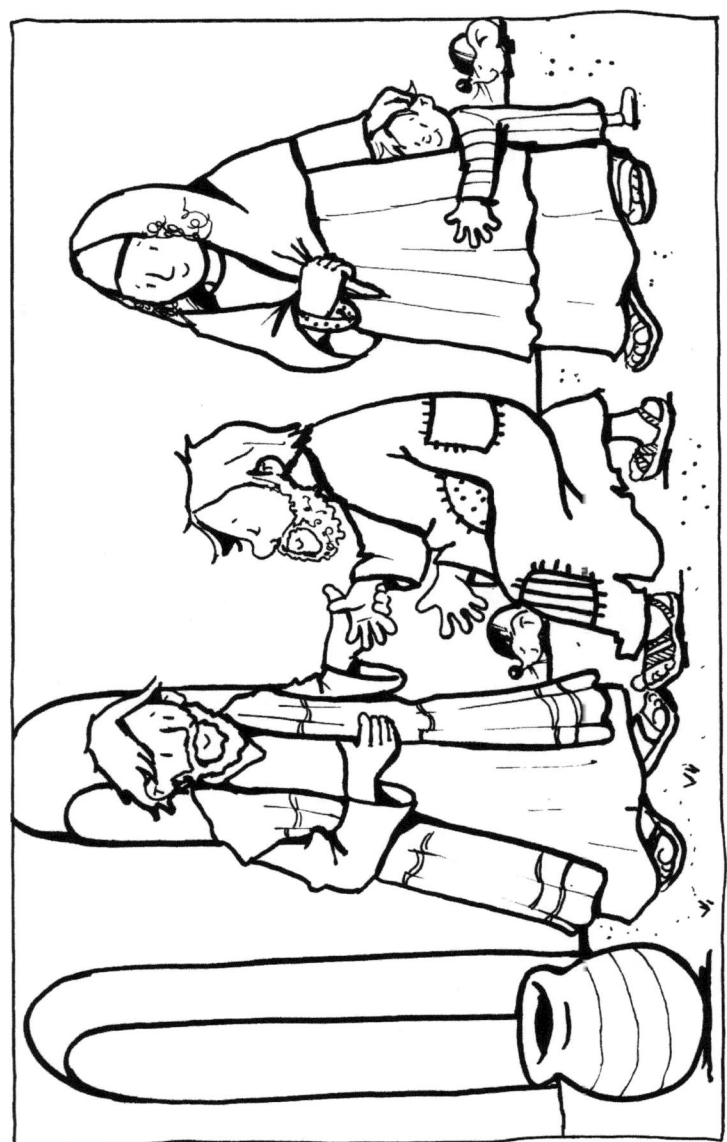

Jesus und Bartimäus
Aus: Brandt/Nommensen, Kinderkirche zu biblischen Geschichten, © Don Bosco Medien GmbH, München, Illustration: Petra Lefin

Material zum Bilderbuch

Holzbalken
Jesus musste sein **Kreuz** selbst tragen.
Dieser Balken war sehr schwer.

Rote Herzen
Viele Menschen haben Jesus geliebt.
Maria, seine Mutter konnte ihrem Sohn
nicht helfen. Aber sie ist nicht davon-
gelaufen, sondern sie blieb bei ihm.
Die Herzen stehen für die **Liebe**.

Glassteine
Viele Menschen haben
um Jesus getrauert.
Die Steine sollen die **Tränen** sein.

Grab
Jesus ist gestorben. Er ist **tot**.
Sie legen ihn in ein Felsengrab und ver-
schließen es mit einem großen Stein.
Alles ist vorbei!
Jesus bleibt 3 Tage im Grab.

Stein
Jesu Herz war schwer wie Stein. Er hatte auch
Angst und bat seine Jünger, bei ihm zu bleiben:
„Wachet und betet mit mir!" Gott schickte Jesus
einen Engel, der ihm Kraft und Trost geben sollte, damit er seinen schweren Weg bis zum Ende
gehen konnte. Auch uns stellt Gott in schwierigen Situationen einen **Engel** an die Seite.